M&Aを成功に導く PMI

事例に学ぶ経営統合のマネジメント

日本M&Aセンター 代表取締役社長
三宅 卓
Suguru Miyake

プレジデント社

はじめに

Ｍ＆Ａ（企業の合併と買収）は、日本においてもますます活発になってきています。買い手企業にとっては、少ない時間とリスクで必要な経営資源を手に入れる手段として、売り手企業にとっては、事業承継問題の解決、企業の存続と発展、そして社員の成長のための手段として、Ｍ＆Ａに関心を寄せる経営者が増え、Ｍ＆Ａの成立件数も大幅に増加しています。

それに伴って、「金融機関のすすめで買収したのですが、相乗効果がまったくなくて……」という困惑の声や、「買収した子会社の経営がうまくいかないので売却を検討したい」という相談が寄せられることが多くなりました。

なぜ、このようなことが起こるのでしょうか。

それはＭ＆Ａが「身近な経営戦略」になってきたのにもかかわらず、いや、だからこそと言うべきかもしれませんが、Ｍ＆Ａについての十分な知識や情報をもたないいま、合併や買収を行うケースが増えているからです。企業を買ったら買いっぱなし、合併や買収を成立させること自体が目的となってしまっているM＆Aもあります。

とりわけ深刻なのは、経営者同士がお互いの企業文化についての理解が不十分なまま行われるM＆Aでしょう。これでは統合の相乗効果を望むことはできません。

これに対して、早くも一九世紀には企業の合併や買収が活発に行われていたM＆A先進国のアメリカでは、統合の果実を生み出すまでの手順をPMI（Post Merger Integration）＝「（買収を含む）合併後の経営統合」と呼んで重視しています。

狭い意味のM＆Aは、合併や買収の成立という節目の一時点を意味しますが、本来のM＆Aとは、その前後を含めた、ダイナミックな企業の統合過程そのものです。

経営者がM＆Aは「サインしておしまい」と考えているとすれば、それは誤りです。「サインが始まり」であり、企業が真に統合をなし遂げるまでの不断の取組み、つまりPMIこそM＆Aの真髄であると、私は思うのです。

私は「日本M＆Aセンター」の創業メンバーとして、これまで四半世紀にわたって一〇〇〇件、二〇〇〇社を超えるM＆Aの成立にかかわってきました。その間、M＆A支援会社として、初の東証一部上場を果たすこともできました。友好的M＆Aを支援する仲介会社として、国内で最大の規模と実績を誇っています。

それでも日本のM&A全体としてはまだ歴史が浅く、PMIに対する認識が不足しているのが現状です。残念ながら、M&A先進国のアメリカには及びません。

「M&Aは誰でもできる。しかしM&Aの成功は、誰にでもできるわけではない」

私はこの言葉を、アメリカの有名ファンドであるリバーサイドの共同最高経営責任者、スチュワート・コール氏から伺いました。

リバーサイドは、業績が好調な中堅企業の買収に特化した、世界でトップクラスのファンドです。彼らの特徴は、企業の価値を上げることにフォーカスした統合手法にあります。

日本で「ファンド」というと、集めた資金を株価が上昇しそうな会社に投資して、リストラを行って会社を売却することで利ざやを稼ぐイメージがあります。しかし、リバーサイドはそうした手法をとりません。買収した会社の経営に直接携わって、リストラに頼らず、企業や経営者の潜在能力を引き出しています。単なる投資家ではなく、企業の「運営」という分野に優れた実務家集団なのです。

彼らはその手法をメンバーで共有し、実際の現場で応用するためのマネジメントの方法論を蓄積しています。それこそが、ＰＭＩの具体的な手法です。

私はニューヨークのリバーサイド本社を数回にわたって訪れ、それらの方法論について詳しく学ぶことができました。彼らはＭ＆Ａのプロの眼で企業買収を行い、真剣にＰＭＩに取り組み、短い期間に買収した企業の価値を上げ、マネジメントチームと社員を大きく成長させています。その方法を、一般の事業会社にもち込まない手はありません。

少し前まで、私たちが手がける日本国内の案件では、双方が国内企業同士の「同じ文化、同じ言語、同じ人種」での買収や統合がほとんどでした。そのようななかで、ここへきて急激に、国境を越えたクロスボーダーでのＭ＆Ａの需要も増えつつあります。目指す先の多くは、中国やバングラデシュ、そしてシンガポール、タイ、ベトナム、インドネシアといったＡＳＥＡＮ諸国です。

本書の前半では、ＰＭＩに関するリバーサイドの方法論を解説します。Ｍ＆Ａに関する解説書は巷間あまたありますが、最先端のＰＭＩ手法を取材したこの本は、類書を見ないものと自負しています。後半では、当社が手がけたＭ＆Ａにおける成功事例を紹介することで、ＰＭＩのエッセンスをお伝えします。

なお日本では、ＰＭＩという用語にまだ馴染みが薄いため、同じ意味で「アフターＭ＆Ａ」「ポストＭ＆Ａ」という表現が用いられる場合がありますが、本文ではＰＭＩで統一しました。

企業を譲り受ける側、譲り渡す側のいずれもがＭ＆Ａを成功に導くために、本書を通じてＰＭＩについての理解を深めていただければ幸いです。

二〇一五年六月

日本Ｍ＆Ａセンター代表取締役社長　三宅　卓

◎目次

第1章 戦略的Ｍ＆ＡとＰＭＩの進め方
――リバーサイドによる新総企とマオスの統合

第2章 アメリカの先進ノウハウに学ぶPMIの手法
——ファーストビジットとデューデリジェンス

第5章 シナジーをいかに生み出すか〈自動車用品販売業界のケース〉
――イエローハットとドライバースタンド

第6章

M&Aによって海外展開の可能性を拓く〈製造業のケース〉

——日本澱粉工業と朝日化学工業

序章

PMIがM&Aを成功させる

会社の譲渡・買収のあと、
いかに統合作業を行うか

Ｍ＆Ａに成功する企業・失敗する企業

いかに統合のシナジーを生み出すか

本書のテーマであるＰＭＩ（ポストＭ＆Ａ）について紹介する前に、Ｍ＆Ａがどのように行われるかを説明しておこう。

Ｍ＆Ａは買い手側から始まるケースと売り手側から始まるケースがある。

まずは、買い手企業の動きを見てみよう。ある企業が他社の買収を考えたときは、銀行や証券会社などの金融機関に声をかける。あるいは、Ｍ＆Ａブティックをはじめ、当社のようなＭ＆Ａのプロフェッショナル・ファームに依頼する。

依頼を受ければ、銀行やＭ＆Ａブティックは、クライアント企業に聞き取りを行い、買収対象の企業リストを作成することになる。

買収先候補がクライアントからあがることもある。この場合、業界でのシェア拡大やスケールメリットを狙って、同業他社をターゲットとすることが多い。そのため、クライアントが前から知っている企業の名前をあげて、Ｍ＆Ａブティックに仲介を依頼する。

一方で、売り手側からアクションを起こす場合の事情はどうだろうか。多くは、後継者の不在、あるいは事業の継続性への不安などの理由で、オーナーが譲渡の意思を固め、銀行やＭ＆Ａブティックに相談するケースだ。この場合も、対象となる買い手企業のリストを作成し、候補の選定に入る。

こうして、Ｍ＆Ａの専門家を間にはさむ形で、極秘裏に、買い手側、売り手側それぞれとの交渉が行われる。

一度の交渉で売買が成立すればいいが、そうでない場合には、リストにあがっていた別の企業が交渉先としてセットされる。場合によっては交渉先が数社に及ぶこともある。

売り手側と買い手側がともにＭ＆Ａの成立を希望すれば、「トップ面談」へと進むことになる。

トップ面談とは、譲渡企業と買い手候補企業両社の経営者が初めて顔を合わせる場面で、Ｍ＆Ａにおける重要なステップのひとつだ。この面談で、お互いの経営理念、企業文化などを確認し、双方が納得すれば、「基本合意」が締結される。

基本合意を受けて実施されるのが「デューデリジェンス（買収監査）」だ。

デューデリジェンスでは、譲渡企業のオーナーが希望する譲渡金額が、企業の資産価値を正当に反映したものかどうか、収益性やリスクはどうかなどを、公認会計士や弁護士も交えた第三者の目で総合的に調査し、財務、法務、さらにはビジネスへの影響や、買収後の相乗効果（シナジー）といった観点から評価を行う。

譲渡側のもつ資産内容と、買い手側が支払う金額に折り合いがつけば、「最終合意」となる。法的な書類を整えて、「調印式」を迎え、M＆Aが成立する。

以上がM＆Aの流れだが、もちろんこれでM＆Aが成功したとはいわない。買い手企業にとっては、M＆Aはあくまで「手段」であり、買収や合併の成果をあげることこそがM＆Aの「目的」だ。

PMIはM&Aの実行段階から始まっている

M＆Aの成果とは、たとえば次のようなものだ。

「業界内でのシェアが上がり、その後の事業展開がやりやすくなった」

「地方企業を買収した結果、その地域に販売網を拡大することができた」

M&Aの基本的な流れ

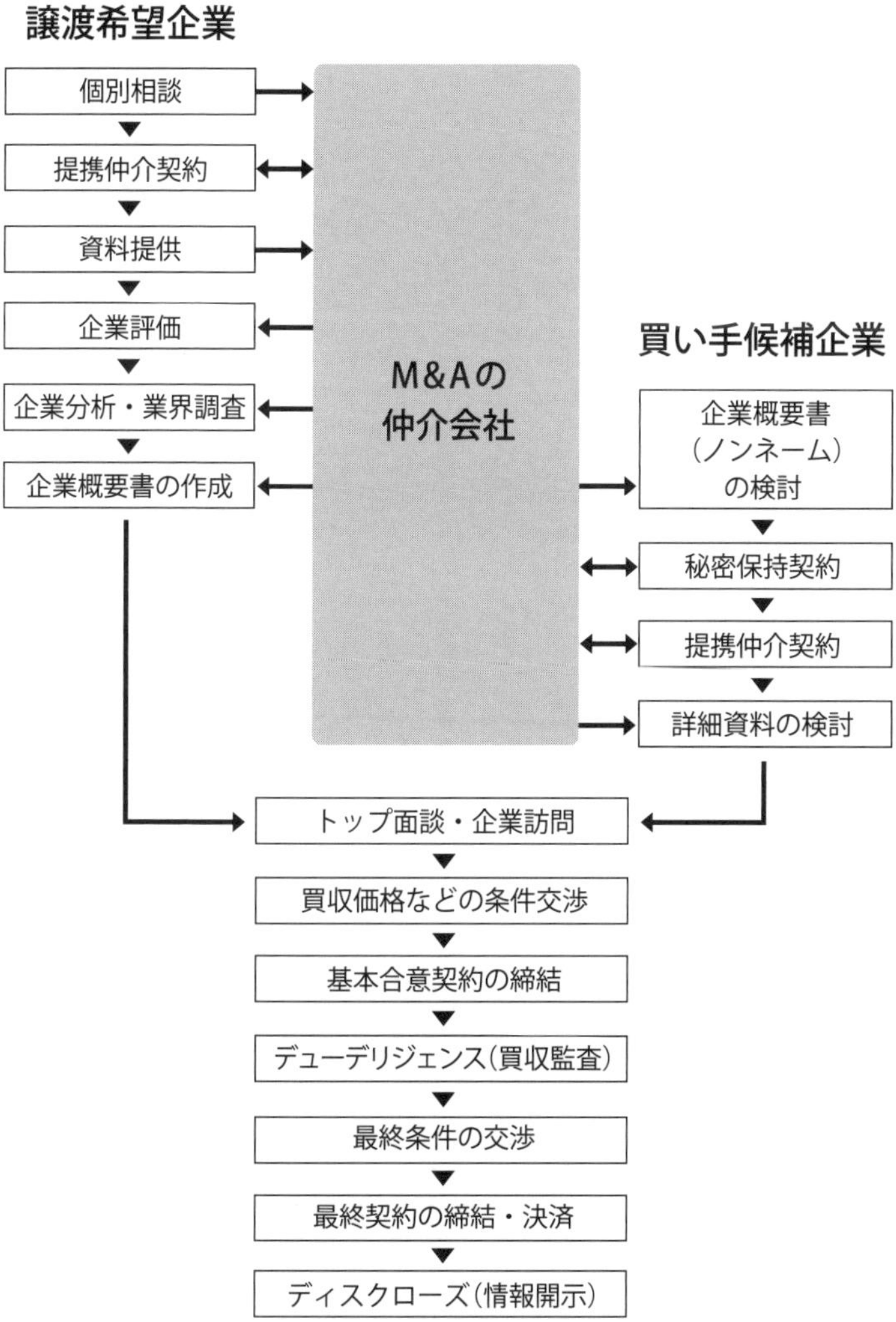
譲渡希望企業
個別相談
提携仲介契約
資料提供
企業評価
企業分析・業界調査
企業概要書の作成
M&Aの
仲介会社
買い手候補企業
企業概要書
（ノンネーム）
の検討
秘密保持契約
提携仲介契約
詳細資料の検討
トップ面談・企業訪問
買収価格などの条件交渉
基本合意契約の締結
デューデリジェンス（買収監査）
最終条件の交渉
最終契約の締結・決済
ディスクローズ（情報開示）

「譲渡企業の技術力を活用して、新製品が開発できた」
「双方の社員の人材交流が行われ、お互いが強みを発揮した結果、売上げアップと人材育成の両面でシナジーがあった」

ところが、買い手となる企業のなかには、これといった戦略もなく、取引先の銀行から言われるままにM&Aを実行に移してしまうところがある。「勧められたから」という受身のM&Aや、「いま規模を拡大しておかなければ、同業他社に後れをとるのではないか」という焦りからくるM&Aだ。

そのようなM&Aでは、M&Aを成立させるための資金は投入しても、その後の統合過程には意外と注意を払わなかったりする。買収対価を相手株主に支払うことで、万事がうまくいったとばかり、錯覚をしてしまうようなケースだ。その結果、買収はしたものの、期待したほどの販売力や技術力がなかった、思いのほか業績がよくない、シナジーが出ないといった経営上の問題を抱えることになる。

ほかにも、M&Aに対する憧れから、金融機関やM&Aブティックに声をかける企業もある。このような企業にとっては、M&Aが戦略や手段ではなく、「M&A自体」が目的になってしまっているのだ。

大企業が、中堅や中小の企業を買収した場合には、社内文化や慣習の違いから、どのように統合を進めればよいのか戸惑うケースもあるだろう。同じことは、業界をまたいだＭ＆Ａや、地域をまたいだＭ＆Ａでもいえる。

製造業の会社が卸売業の会社を買収したときや、流通業の会社が製造業を買収したときに、価値観のあまりの違いに驚くというのもよくある話だ。大阪の会社が東北の会社を買収したり、東北の会社が九州の会社を買収したり、ましてや相手が海外の企業となれば、企業の文化や慣習どころか、民族も言語も宗教もまるで異なる。

金融機関やＭ＆Ａブティックは、Ｍ＆Ａを希望する企業から声をかけられれば、相手が買い手であれ、売り手であれ、クライアントのために動く。そして、基本合意、デューデリジェンス、最終契約と進んで、Ｍ＆Ａ支援会社の仕事は完了する。しかし、買い手、売り手の双方がＭ＆Ａの成果を得るのは、いうまでもなく調印式以降のことだ。

とくに買い手企業にとっては、調印式はゴールではなく、Ｍ＆Ａによる果実を手にするためのスタート地点であり、そこからの経営統合のマネジメント、すなわちＰＭ

Iの戦略と手腕が問われることとなる。では、どのようにPMIを進めれば、買収や合併による効果を最大化し、果実を得ることができるのだろうか。

M&Aの成果を最大化するPMI

統合を支援するマネジメント

私は、PMIを成功させるには、いくつかの重要なポイントがあると考える。

まずは、譲渡企業に対するデューデリジェンス（買収監査）である。

PMIはデューデリジェンスから始まると言われるが、その言葉に象徴されるとおり、この段階で企業における収益性やリスクをどこまで把握できるかによって、統合後のマネジメント戦略が大きく変わってくる。

次に、統合を支援するマネジメントチームの結成である。

買収後に子会社となった企業をマネジメントするには、場合によっては社長や財務責任者を外部から招く必要があるかもしれない。親会社と子会社とを結ぶには、統合

PMI 開始までのステップ

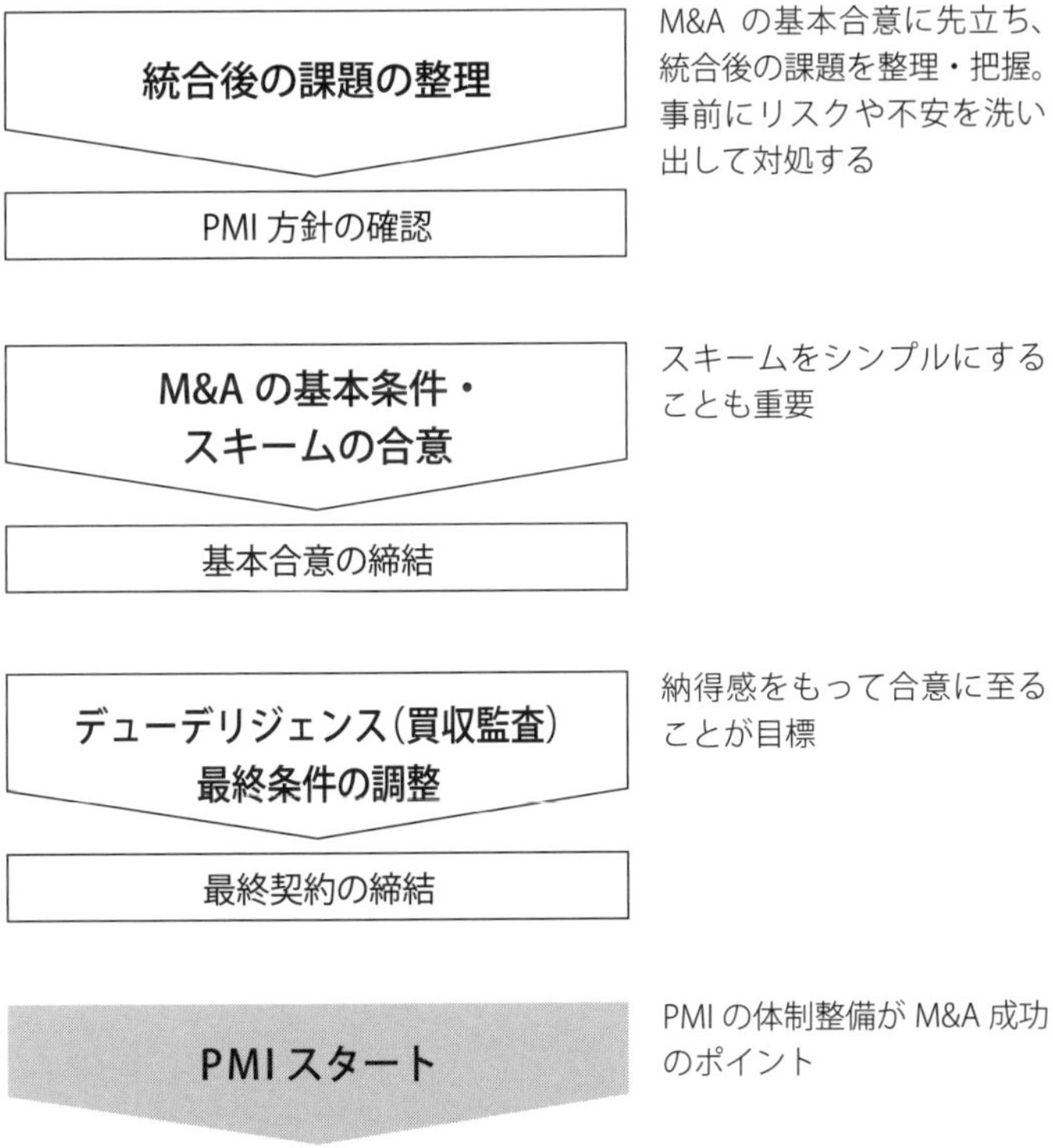
統合後の課題の整理
M&A の基本合意に先立ち、統合後の課題を整理・把握。事前にリスクや不安を洗い出して対処する
PMI 方針の確認
M&A の基本条件・スキームの合意
スキームをシンプルにすることも重要
基本合意の締結
デューデリジェンス（買収監査）最終条件の調整
納得感をもって合意に至ることが目標
最終契約の締結
PMI スタート
PMI の体制整備が M&A 成功のポイント

の中心となる人物（インテグレーター）も必要だ。

インテグレーターは、情報システムやＫＰＩ（Key Performance Indicator ＝重要業績評価指数）の共有化だけでなく、統合された企業内でマネジメントチームや、さらには双方の社員とのコミュニケーションを十分にはかり、企業文化の融和を進めるといった支援も行わなければならない。

さらには、シナジーを得るための目標の設定がある。

そのために、ビジョンや理念の策定といった企業の存在そのものにかかわる部分で支援が求められることもある。目標の達成のために、売上げや利益だけでなく、社内の各部門で、開発期間の短縮や生産管理コストの削減、ブランド価値の向上など、期限を区切った目標の設定と、その実現に向けてプロセスや進捗の管理も行わなくてはならない。

ＰＭＩによって買収した子会社が順調に成長すれば、親会社は、連結決算や配当で子会社の利益を取り込むことで、企業価値を上げることができる。子会社にとっても、売上げが増加して利益が増えれば、独自の投資も容易になり、経営をプラスのサイクルにもち込むことができるようになる。

Ｍ＆ＡにこうしたＭ果をもたらすのがＰＭＩだ。

子会社に派遣した社員の成長

ＰＭＩの実行によって得られる果実はほかにもある。

かつて、コンピュータ・ソフトウェアの開発を行っている大手上場企業が、社員一〇〇名規模の同業企業を買収するのを仲介したことがあった。買い手側の規模からすると、この買収先企業は小さすぎるという議論もあったが、初めてのＭ＆Ａであったためにリスクを抑えたいという考えから話は進んでいった。

譲渡企業の経営者は高齢で、後継者不在のハッピーリタイア型の売却だった。そこでＭ＆Ａののち、買い手企業から四五歳の幹部社員が社長として派遣された。

一年後、私は買い手企業の経営陣にお会いした。そのとき彼らは、私の予想以上に大喜びで、感謝の言葉を並べてくれた。

「なぜ、そんなに喜んでいただけるのですか？　経営的にはさほど大きなインパクトはなかったはずですが……」

私の質問に、先方は次のように答えた。

「当社の役員は、全員が創業当時に入社した社員で、自分の頭で考え、自分の足で営業開拓をして、上場するまでに会社を成長させてきました。受注、開発、人材採用、支店の展開、プロジェクト管理など、すべてを自分たちでやらなければならなかったので、マネジメントの全般がわかっています。

しかし、次期の役員候補は、当社が上場してから入社した社員たちです。彼らは、すべてが揃っている会社に入ってきたために、われわれからすれば、自分で考え自ら動こうというハングリーさが足りません。また、部門のプロとして仕事をしてきたので、営業のプロ、開発のプロ、総務のプロ、財務のプロはたくさんいるのですが、全体を見通す力があるかといえば、そうではありません。経営はおろか、営業と開発の両分野でリーダーシップを発揮できる人材すらいないのが実情でした」

そのうえで、M＆Aの成果について次のように述べた。

「ところが、今回買収した会社に社長として出向させた社員の成長が素晴らしいのです。彼は営業のプロですから受注はできますが、それだけでは会社は動きません。

社長として、受注した案件を技術者に割り振り、品質やプロジェクトの管理を行い、ソフトウェア技術者を動機づけし、中途採用を行い、パソコンを買い替え、そのためのリース契約交渉をするところまで、すべて自分でやらなければなりません。もちろんボーナスの査定や昇給、昇格のための人事考課も彼の仕事です。この経験が彼を大きく成長させました。

彼にはあと数年、子会社の経営をやらせて、さらに自信をつけたところで、本社の経営陣に抜擢しようと考えています。次期社長の候補といっていい。一人の経営者が育っただけでも、企業買収をした価値がありました」

子会社の経営を成功に導くことができれば、それまでとは違った仕事をやり遂げたことで大きな自信が得られる。次期社長としての技量と器が備わるだろう。このようにＰＭＩのプロセスは、経営陣を育てるための最高の教育の場ともなるのだ。

戦略的なＰＭＩによって得られるものはほかにもある。ＰＭＩによってＭ＆Ａを成功に導くことができれば、次のＭ＆Ａに有利に働く。というのも、Ｍ＆Ａを成功させた企業には、金融機関やＭ＆Ａブティックからの情報が入りやすくなるからだ。

Ｍ＆Ａの仲介機関は、企業を譲渡したいというオーナーから依頼を引き受けるとき、「当社に任せてもらえれば、御社を成長させてくれる企業に買ってもらいますから、残された社員も幸せになります」と言って受託する。

もし、あなたの会社が買収した子会社に適切なＰＭＩを行い、経営を成功させていれば、私たちは貴社に売り手の会社を買ってほしいと考える。逆に、統合後のマネジメントを怠り、経営に失敗していたら、次の企業を紹介することに二の足を踏む。

つまり、企業買収を成功に導くことで、有利なＭ＆Ａ情報が一挙に増えるのだ。

企業の存続と成長のためには、いまやＭ＆Ａが必須の時代といっていい。後継者の不足に悩む企業はますます増えている。事業承継問題とは無縁の企業であっても、業界再編の嵐は国内どころか、国境を越えたグローバル規模で吹き荒れている。国内外を問わず、Ｍ＆Ａの情報が効率よく集まることは、これからの生き残りをかける企業にとって、たいへん大きなメリットといえるだろう。

統合企業を成長させるＰＭＩのメソッド

では実際の経営において、どのようにＰＭＩを行えばよいのだろうか。

その答えを得るべく、私はＭ＆Ａ先進国のアメリカに渡った。

訪れたのは、アメリカのニューヨークに本社を置くリバーサイドである。

リバーサイドは、中堅の非上場企業に特化して投資を行うプライベート・エクイティ・ファンド（ＰＥファンド）だ。海外のファンドと聞くと、ハゲタカ的なイメージをもたれる読者のために、本論からややずれるが、簡単にファンドの現状について触れておこう。

「基金」を意味するファンドは、通常は機関投資家や富裕層から資金を集め、その資金を運用することで利益を得るプロフェッショナルを指す。

相場の上昇局面のみならず、下降局面でも利益を確保するヘッジファンドは、リーマンショックの引き金にもなり、たびたびニュースを賑わしてきた。多数の投資家から資金を募り、有価証券などに投資する投資信託もファンドの一種だ。例外はあるが、彼らは企業の経営にほとんど口を差し挟まず、資金を左から右に動かすことでキャピタルゲインを確保する。

これに対し、企業の経営に積極的にコミットするファンドがある。そのひとつがＰＥファンドで、対象とする企業は、「技術力が高い」「成長産業」「独自のマーケットをもっている」など、特徴のある中堅の非上場企業だ。

彼らは、機関投資家などに出資を募り、数百億円を調達してファンドを組成し、その資金を企業に投資する。ファンドの組成から閉鎖までは約一〇年だ。集めた資金の約二％を毎年管理手数料として活動資金や人件費、管理費などに使うので、最低でもそれ以上の成績をあげなければならない。

ファンドの期間を一〇年として、投資先の買収に一年、売却に一年をあてるとすると、実際に企業を運営する期間は八年しかない。実際には全件の投資で成功するわけではないので、その間に投資先の企業価値を二倍から三倍以上に高めるためのマネジメント支援を行う。

リバーサイドは、世界有数のPEファンド運営会社で、オハイオ州のクリーブランドに本部を設けている。一九八八年に創業され、企業価値が二億ドル以下の成長企業を対象にして、アメリカ、アジア、ヨーロッパの世界二一カ国に拠点を設けて活動を行っている。

著名な業界専門誌である「M&Aジャーナル」が選定する「年間最優秀プライベート・エクイティファーム」を二〇〇九年と二〇一二年に受賞したのをはじめ、世界各国で数々の受賞歴をもつ。これまで三五〇社以上に及ぶ中堅企業の買収を世界中で行い、独自のPMIを行うことで大きな業績をあげてきた。

日本企業の M&A 件数の推移

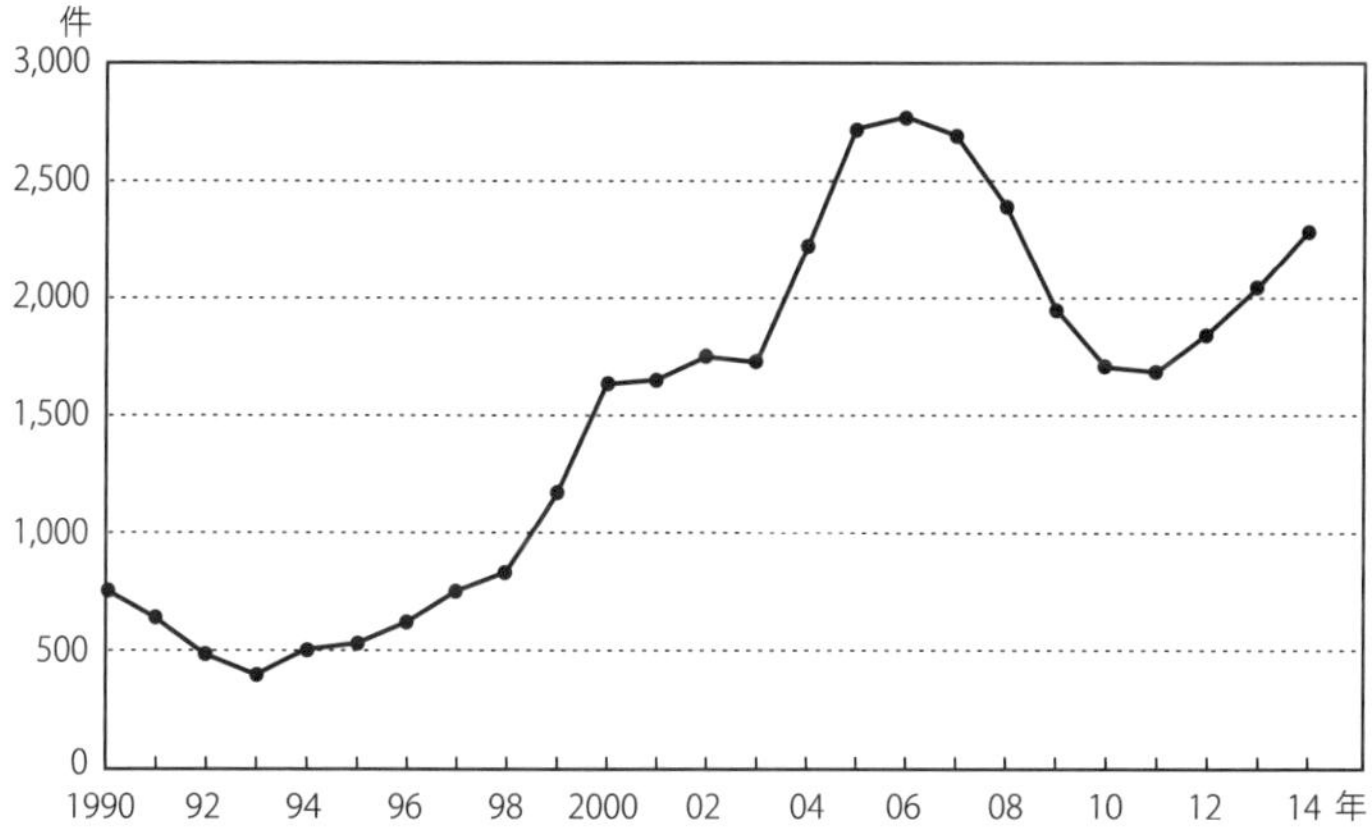

出典：「マール」（株式会社レコフデータ）

買収後のＰＭＩの成功率はきわめて高い。それはこれまでのＰＭＩの経験を体系化し、どの企業にでも当てはめて展開ができるようメソッド化しているからである。

私はニューヨークおよびクリーブランドのリバーサイドを数回にわたって訪れ、ＰＭＩについて詳しく学ぶことができた。彼らはプロの眼で優良企業を選んで買収し、独自のＰＭＩメソッドを使って買収した企業を大きく成長させている。

日本国内のＭ＆Ａの件数は一九九三年に四〇〇件足らずだったのが、二〇一四年には二〇〇〇件を超えるまでになっている（Ｍ＆Ａ業界専門誌「マール」）。

メディアに公表されていないものの、当社で把握している実情を加味すると、実際に行われているM＆Aはその数倍にのぼると見られる。

こうした傾向の背景には、先に触れたとおり、ひとつには中小企業の後継者不足と事業承継の問題、もうひとつには、グローバル化や規制緩和など日本企業の置かれた経済環境の変化がある。

そのようななかでM＆Aを成功に導き、その成果を最大化するための手法として、第1章から第3章でリバーサイドのノウハウを詳しくお伝えする。

まず第1章で、リバーサイドが日本で行った買収の例を紹介しながらPMIの実際を説明しよう。

第1章

戦略的M&AとPMIの進め方

リバーサイドによる
新総企とマオスの統合

買収した会社の企業価値を高める

PMIを成功させる三つのポイント

リバーサイドでは、ヨーロッパ、アジア、太平洋地域などで、投資先の地域に特化した各種のファンドを組成し、集めた資金をもとに事業を展開している。アメリカのリバーサイド本社が投資先を決定し、買収後、その事業の潜在的な力を発揮させることで企業価値を高めて、数年後に売却する。そして、投資先に対して得られた利益を分配する。

リバーサイドの特徴のひとつは、リストラを行わずに企業価値を上げる点で、逆に必要に応じて人的リソースを提供する場合もある。

世界の主要都市には、リバーサイドの関連会社が設立されている。これらの関連会社では、投資基準に適合する中堅企業を世界各地で発掘する投資アドバイザリー業務と、買収後に投資先の企業価値を上げるために経営に関するさまざまなアドバイスを行う経営支援活動を行っている。

リバーサイド本社は、世界主要都市の関連会社と密接に連携をとりながら、各種のオペレーションを行うというかたちである。

日本では関連会社として株式会社リバーサイド・パートナーズが設立され、リバーサイド本社に対する投資案件に関する調査およびレコメンデーションと、投資先に対する経営支援活動を行っている。その代表パートナーを務める森時彦氏は日米の大学で学び、世界最大のコングロマリットのひとつ米国ゼネラル・エレクトリック（GE）で、製品開発とマーケティング両部門のリーダーを歴任し、日本GEでは役員を務めた経験をもつ。

森氏は、自らの役割について次のように解説する。

「リバーサイドの場合、投資銀行と違って、買収が最終目的ではなく、投資先の企業価値を高めるために、手段としてM&Aを行っています。したがって、企業を買収して終わりではなく、買収後は、PMIによって投資先の企業価値を向上させなくてはなりません」

森氏は、PMIにおける重要な要素として、以下の三点をあげている。

①M&A実行前の段階で、お互いの相性が合うことを確認する。

② 現場の意識改革を実行する。
③ 営業の質などの違いがあることを前提に、有効なシナジーを模索する。

これらのポイントを念頭に置きながら、リバーサイドがアジアで初めて日本で行った買収事例と、その企業価値を向上させたＰＭＩの方法を以下に紹介しよう。

リバーサイドが買収したのは、新潟市に本社を置き、「フレンドパーク」というブランドでコインパーキングと月極契約の駐車場事業を営む株式会社新総企《しんそうき》である。

一九八三年に設立された新総企は、創業者である田伏靭夫《たぶせゆきお》氏が、当時開発されたばかりの「コインパーキング用ロック付き無人駐車料金徴収装置」に着目し、駐車場システムを販売したことをきっかけに、三〇〇〇台以上の駐車スペースを有する、新潟県内で最大の駐車場管理会社に成長した。

その後、新興の通信事業会社が新総企の保有資産をアンテナ基地として有効活用しようと同社を買収したものの、親会社の通信事業会社が本業で行き詰まってしまった。そこで二〇〇八年に、リバーサイドが新総企の株式の大半を取得した。

新総企の創業者・田伏氏はそのまま社長として続投し、リバーサイドが社外役員

PMIの3つのポイント

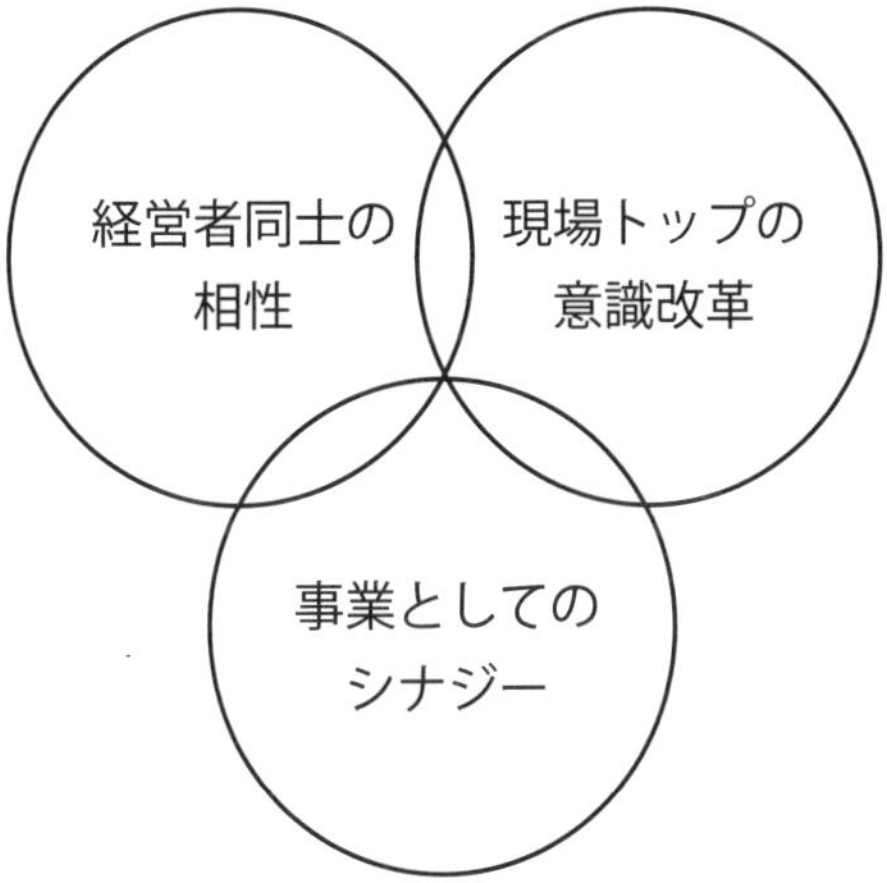

の一人として選任したのが、リバーサイド・パートナーズ代表パートナーの森時彦氏だった。

二〇〇八年四月、新しいスタートを切ることになった新総企の本社で、四〇人ほどの全社員は、アメリカのファンドが選任した役員が就任するという事態に、緊張の面持ちだった。「これからわが社はどうなるのだろう」という不安である。

だが、新総企がリバーサイドに買収されたのは、業績が悪化したからではない。リバーサイドもまた、破綻先を支援する再生ファンドではなく、優良な会社の企業価値をさらに高めて利益を得ることを目的としている。そのうえで森氏の役割は、価値を高めるためのオペレーションに関してアドバイスを行うことだ。

にこやかな笑みを浮かべた森氏の次のような挨拶に、社員たちは安堵した。

「皆さんの会社は素晴らしい会社です。新潟県内トップ、高校野球でいえば県代表のチームです。これから甲子園に行き、全国制覇を狙いましょう」

変革推進チームを編成する

森氏が役員に就任した当時の新総企は、社内に会議室がなく、ミーティングというものがまったくと言っていいほど行われていない会社だった。

というのも、創業者の秀逸な先見性に支えられて成長してきた会社であり、すべてが社長の鶴の一声で決まっていたからだ。社員は社長に従っていればよかった。

無人のコインパーキングはいまや全国津々浦々に設置され、珍しいものではないが、日本でその装置が登場した時期に駐車場システムを販売し、自ら駐車場の経営を始めた一人が新総企の田伏社長だった。その時代を見る目が先行者利益の獲得を可能とし、新潟におけるトップシェアを築き上げた。

そんなカリスマ社長に対する社員の忠誠心は厚かったが、そのことが自分たちで数

新総企の会社概要

会社名	株式会社新総企
本社所在地	新潟市中央区
代表者	田伏靭夫
設立年	1983年7月
事業内容	コイン式時間貸駐車場の運営・管理／月極駐車場の運営・管理／病院・銀行・一般有料駐車場などの運営・管理／マンション来客用駐車場の運営・管理／駐車場管理機器システム販売
資本金	2000万円
事業地数	106事業地
従業員数	38人

＊データはM&A時のもの

字や売上げや、自分たちの取り組む事業について考える力を奪っていた。

会議がまったく行われていない会社を買ったことについて、森氏はどう感じたのだろうか。

「そこまでとは思ってもいなかったので、少しは驚きました。しかし逆に言えば、すごくポテンシャルがあるということです。社員たちが手足ではなく、目、耳、頭になれば、力のある会社になるだろうなと思いました」

氏が経営をアドバイスする立場から、まず会社側に依頼したのは、営業部、経理総務部、技術部のそれぞれトップ三人からなる業務横断的な「変革推進チーム」を編成してもらうことだった。新総企を、創業者によるワンマンカンパニーから、組織として運営される会社に変貌させるための仕掛けである。

「変革推進チーム」をつくるにあたって、会社の各部門からそれぞれのトップ三人を選抜してもらったのには、森氏ならではの理論があった。

「数字をきちんと細かいレベルまで把握するためには、財務専門の人が必要です。それから、営業が変わらなければ売上げは伸びません。技術についても同じです。こう考えていくと、財務と営業と技術に一人ずつで、少なくとも三人は必要なのです。プラス、トップマネジメントである社長を入れて計四人。これが組織を変革するときの基本です。

社長が交替しなければ会社は変わらないと言う人がいますが、たとえ社長が替わっても、財務や営業を含む四人が変革推進チームとして機能しなければ、会社は変わりません。経営チームが新しく生まれ変わることで、現場のスキル面が変わり組織の機能がステップアップする。さらにいうと、いい人事制度ができなければ優秀な社員は入ってきません」

新総企の場合は、財務と人事の専門家として、人事も担当していた経理総務部のトップにチームに入ってもらい、装置産業という会社の性格を考え、技術部門のトップにも加わってもらった。

チームは毎週金曜日に定例のミーティングを行い、はじめの一年間は森氏が進行を助けるファシリテーターとして参加した。

トップマネジメントは田伏社長だが、森氏は田伏氏に次のように依頼したという。

「会議のとき、できれば姿を見せないでください。参加していただくときも、端のほうで目立たないように座っていてください」

なんといっても田伏氏はそのリーダーシップで会社を率いてきた創業者であり、その見識と行動力は他の社員を圧倒する。幹部社員にも、社長の意向を忖度《そんたく》する習性がついてしまっている。森氏は、社長である田伏氏が一歩後ろに退くことで、幹部社員の意識を変えることを狙ったのだった。

チームで課題を検討する

コインパーキングは、バブル経済が崩壊し、当面使い道のなくなった空き地について、「遊ばせておくよりは駐車場にでもしておけば」という発想で、ロック付き無人駐車料金徴収装置を使って始まったビジネスだ。

基本的に、自社では土地を所有せず、地主から土地を借りて運用する。遊休地なので賃料は安く、地主側、駐車場の運営会社側のいずれからでも、三カ月程度の猶予期間で契約を解約できるようにしているケースが多い。

地方でも都心部は慢性的な駐車場不足で、運営会社の営業担当者の仕事は、駐車場に適した遊休地を見つけることがメインになる。土地の所有者と話をし、賃貸契約を結んで機械を設置する。こうして運営会社は駐車場料金を収入として得る。

ポイントとなるのは、立地条件によって収入が左右されるという点だ。そのため、土地の賃貸料と駐車場の料金をいくらに設定するかが重要なノウハウとなる。実際、隣り合った駐車場でも、一方はつねに満車で、一方はガラガラというケースもあるのだが、そのような場合でも土地の賃料はほぼ同じということも少なくない。

ところが、新総企においては、営業の社員たちは、そうした点を詳しく調査することなく、漫然と賃料の設定を行っていた。

具体的に、変革推進チームのミーティングの様子を紹介しよう。

ミーティングが始まると、森氏は次々に質問を投げかけた。

「みなさんが新潟でナンバーワンなら、ナンバーツーはどこですか？」

そんな問いかけに、変革推進チームの三人は初め、キョトンとした表情を浮かべていた。いずれも三〇代半ばから四〇代前半のメンバーだったが、彼らの口は重く、なかなか意見らしい意見が出てこない。

営業部、経理総務部、それに技術部という異なる部署のトップが頭を寄せて議論することなど、それまでなかったのだから、当然といえば当然だった。

「それでは、市内の駐車場の状況を調べてみませんか？」

翌週のミーティングでは、彼らは市内を見て回って自社と他社の駐車場を調べたうえで詳細な住宅地図に書き込み、それが壁一面に張り出してあった。森氏は、質問を重ねた。

「当社の駐車場のなかでは、どこが一番儲かっていますか？」

答えがない。

「調べてみてもらえませんか？」

翌週には、一〇〇カ所以上の駐車場リストが出てきた。

「利益が大きい順に並べると、どうなるでしょうか？」

森氏がうながすと、特徴的な傾向が現れた。何と収益のほとんどが、わずか十数カ所の駐車場で稼ぎ出されていた。あとは稼いでいないどころか、赤字のところが全体の三割を占めていた。

これを見た三人は愕然とした。これまで運営していた駐車場の三分の一は手放したほうが利益があがることが判明したのだ。

問いかけはさらに続いた。

「ここの駐車場は、おもにどんな人たちが使っているのですか？」

儲かっている駐車場について検討を深める。

「生命保険会社の方々が近くのオフィスに集まってミーティングをするときには、ほとんどの駐車スペースが埋まっています」

「それでは、平日は生保の方が中心なのですね」

そのほかにも、業務用に使われている駐車場が多いことがわかった。業務用であれば、駐車料金は会社の経費として処理される。それであれば、一般の利用者を対象にしたような時間割引を設ける必要はない。

駐車場では、昼間と夜間の時間帯では料金を変えるのが一般的で、たいていは昼間のほうが高く設定されている。そのため、昼間の時間を一時間延長するだけで収益がアップする。機械の運用費は変わらないので、収入が増えれば、それはそのまますべて利益となる。一方で、料金を上げることで、利用者が他の駐車場に逃げてしまっては意味がない。それを回避するために、料金設定を一時間ごとではなく、一五分や一〇分ごとに細かく変えるといった案も考えられる。

社員の意識を改革する

新しい習慣をつくる

こうして口の重いチームに問いかけ続けていくと、回を追うごとに質のいいアイデアが出てくるようになっていった。単に駐車場が儲かっているのかいないのかというだけでなく、それぞれの駐車場の個性を見たり、競合する他社との関係を考えたりするなかで、数字や売上げに対する意識が生まれてきた。

「県内最大のコインパーキングであることを活かし、地場のガソリンスタンドで共通回数券を販売してはどうだろうか」

「ガソリンが値上がりしているから、うちの領収書を持って行けばガソリン代が安くなるというキャンペーンがいいかもしれない」

「銀行に土地のオーナーを紹介してもらうのはどうか」

「廃業しそうな旅館などに、駐車場の提案をしたらいいかもしれない」

駐車場ごとに収益率を分析し、競合他社の動きを観察し、稼働率を高めるために何をすべきか、事実をもとに議論し、実際に試行を繰り返す。三人からも次第に積極的な意見が出るようになり、議論は活発になっていった。

赤字の駐車場や料金設定にムダの多い駐車場のほかに、病院やスーパー、レストランなどの駐車場では、施設の利用者以外の人たちが勝手に使っていたところが少なくないこともわかった。そうした駐車場では、所有者と交渉し、施設の利用者には時間を限った無料券を提供し、それ以外の人からは料金を徴収するシステムを構築した。

これによって、施設利用者は従来どおり無料で駐車場を使うことができ、かつ施設利用者以外の駐車場使用者から料金が入るようになるため、土地の所有者にとっても大規模な駐車場を開設しやすくなる。

新総企ではこのシステムを、店が休みの日に駐車場を遊ばせていた店舗にも提案していった。

高収益の駐車場の条件を抽出し、新たに展開する駐車場の判断基準もつくった。町の様子を、よく観察することも必要だ。

たとえば、地元で祭りがある日には駐車場は満杯になる。したがって、そうした日には、上限の料金を定めないほうが得という判断になる。あるいは、駐車場の近くで工事が始まり、工事車両が多く利用するようになった場合は、駐車料金は会社負担なので、多少の値上げをしても稼働するとの判断になる。

営業活動に関しても、テコ入れが行われた。

具体的には、担当の駐車場を月に一回しかチェックしていなかった社員に対し、「週単位で見ませんか？」「場所によっては時間ごとに見ませんか？」、さらに「序列をつけて、利益を生む可能性の多いところに対しては、訪問回数を増やしてみませんか？」とステップを踏んだ問いかけを行うことで、現場の売上げに対する意識を大きく向上させていった。

このようにして、変革推進チームの三人は、毎週のミーティングで、誰が（Ｗｈｏ）、いつまでに（Ｗｈｅｎ）、何をするか（Ｗｈａｔ）、という三つのＷを書き出し、毎週の活動をレビューし、次週以降のアクションを決めて行動と反省を重ねていった。

さらに、この変革推進チームの打ち合わせのもとに、各部署のチームミーティングが毎週、自発的に行われるようになっていった。

半年も経つと、それが新総企の新しい習慣となった。

当初、森氏が感じていた問題点は社員の視野の狭さだった。それまで、新総企が新潟県内でトップシェアを維持してこられたのは、前述したように、社長の先見性と、それによる先行者利益があったからだ。そのため、社員には与えられた仕事しかしない習慣がついてしまっていた。新総企が創業者によるワンマンカンパニーから脱出するためには、その壁を打破する必要があった。

森氏はそれを変革推進会議において、自身が進行を助けるファシリテーターとなり、社員にミーティングに参加してもらうことで打開していったのだ。

ビジョンを策定する

変革推進チームによる課題の解決と並行して取り組んだのは、全社員が参加して会社の三年後のビジョンをつくり上げることだった。

言われたままに仕事をするのではなく、戦略を考え、計画し、それを実行する。それによって仕事の充実感を得ることができる。自分の本来もっている力を発揮できることに人は喜びを感じると、森氏は考える。

変革推進チームのトップ三人の意識の変化は、そのまま部下の変化にもつながり、やがて全社員に浸透していった。

三カ月後、全社員参加で繰り返し開かれたミーティングの結果、新たな経営目標とともに、会社のキャッチフレーズがつくられ、壁に大きく掲げられた。それは次のようなものだった。

「夢三倍二五億」

三年間で会社の売上げ規模を三倍の二五億円にしようという経営目標だけでなく、そのなかで社員の一人ひとりの夢も三倍にしようという思いが込められていた。

新総企では、リバーサイドが株主になるまで、全社員が会社の将来像について議論を繰り返すことなど一度もなかった。その経験したことのない議論を三カ月間続け、自分たちの力でついに、ビジョンステートメントをつくりあげたのだ。

コストセンターの意識を変える

もちろん、すべてが順調だったというわけではない。

変化にいちばん時間がかかったのは、技術部門の社員たちだった。営業や財務セクションの社員たちが考え方、行動において比較的早い段階から変化を見せる一方で、技術部門には、「会社が儲かるか儲からないかを考えるのは、私の仕事ではありません。私は自分に与えられた仕事をするだけです」という、頑なな態度を崩さない社員も少なからずいた。

そこには、営業部門がプロフィットセンターであるのに対し、技術部門はコストセンターにならざるを得ないという理由があった。

プロフィットセンターとは、それ自体で利益を生み出さなければならない部門のことで、一般的に営業部や各支店など、おもに販売を担当するセクションをいう。

営業部門の人間にとっては、お金を稼ぐことが仕事の目的であり、利益をあげないことには自分たちの存在価値がないと、彼らは考える。したがって、利益をあげて儲けを出すことにつながるのであれば、大喜びで改革にも取り組む。新総企において、当初は新しいやり方に戸惑っていた営業担当社員たちも、それが新たな収入源につながる方法だとわかると、抵抗なく変化を受け入れた。

これに対してコストセンターとは、一般にはコストだけが計上される部門をいう。その部門では、コスト削減についての意識は高くなるが、利益を得ることについての意識は薄くなりがちだ。

たしかに、経済が成長している右肩上がりの時代であれば、プロフィットセンターがどんどん商品を受注して販売し、コストセンターは商品を開発して生産するという役割分担でよかったかもしれない。しかし、時代は変わった。

「メンテナンスサービスを提供する技術部の社員は、営業の担当者がいない場面でお客さまと接触しています。もし彼らが営業マインドをもてば、新たな商機が生まれて、さらに売上げがあがる可能性があります。

会社のイメージをつくるのは、部門にかかわりなく、お客さまと接触している社員です。そのときに、メンテナンスを担当する社員が、『俺は技術担当だから、それ以外のことは関係ないよ』という姿勢では、会社全体のイメージが悪くなる。ですから、彼らにも変わってもらわないとならないのです」（森氏）

社員の行動を変える

こうしたコストセンターにおける問題は、どこの企業にも多かれ少なかれ存在する。それを変えていくにはどうすればよいのか。

森氏が選んだ方法は、毎週繰り返し議論することだった。遠回りのようでも、社員の意識改革こそ、あらゆる問題を解決できる方法であると考えているからだ。

もう二点、新総企が行った改革について紹介しよう。

ひとつは事業からの撤退である。

新総企には、本業であるコインパーキング事業のほかに、小さな不動産部門が存在していた。創業社長である田伏氏の肝いりで始められたものだ。

だが、変革推進チームは、この事業に対し、撤退方針を打ち出した。データを集めて議論を重ねていくなかで、不動産事業には将来性がないと判断したからだ。

これに伴い、本社ビルを売却したうえで、そのまま賃借し続けるセール&リースバックを実施した。

唯一心配されたのは、不動産部門担当者のモチベーションダウンだった。ところが、当の担当者は、出口のない不動産事業から解放され、かえって元気になった。

もうひとつの改革は、ストックオプション制の導入だ。

リバーサイド側は、貢献した社員に対する特別報酬として、ストックオプション制の導入を提案した。ただし実際には、社員は株を買わなくてもよいという形をとり、それぞれのポジションに応じて、「あなたは○・一％分の株をもっていることと同じに見なします」「あなたは○・○三％もっているものと見なします」などと明示した。

これによって、リバーサイドが新総企を買収したときの株価と、売却するときの株価の差額が各人に保障されるという制度だ。その結果、年収よりも多くの報酬を得た社員もいた。

こう聞くと、ストックオプション制により、社員のモチベーションがアップしたから、改革がうまくいったと考える読者もいるだろう。

ところが意外なことに、ストックオプション制は、社員によってはそれほど大きな動機づけにならなかったと森氏は語る。

「一部の人たちからは、『私ではなく、この人に与えてくれ』というような話が出ました。いわゆる業績連動型の給与体系は、日本の企業では嫌がる人が多いのです。それよりも、営業部門の社員でいえば、新しいノウハウによって成績がどんどん上がるというように、実績が目に見える形で感じられることのほうが、むしろモチベーションのアップにつながっているように見受けられました」

さらに、森氏は言う。

「自分たちで会社を経営するという意識に変わっていくまでには、やはり三カ月くらいは時間がかかります。いろんな道具立てを用意しても、その道具立てに従って人の行動が変わっていかなければ、会社はよくなりません。私としては、『行動が変わる』というのが、一番重要なキーワードです」

新総企とマオスの統合

相乗効果のある企業を求めて

さて、ここまではリバーサイドによる企業改革と、そのノウハウについて紹介した。ここからは、ファンドが投資した会社に相乗効果をもたらすアドオン（追加）買収と、それにともなうM&A後のマネジメント戦略について見ていきたい。

リバーサイドでは、最初の買収に続いて、必ずといっていいほど追加買収を実施している。最初に買収した企業を「プラットフォーム」（事業母体）と呼び、そこを足がかりに戦略的ストーリーを組み立てて、買収を継続していくのである。

リバーサイドのようなプライベート・エクイティ・ファンド、つまり投資家から集めた資金を事業会社に投資し、経営支援を行うことで企業価値を高めたあとに売却し、投資家に対し利益を還元するファンドにおいては、短期間で買収した企業を大きく成長させることが最大の目的である。

そのために、彼らはPMIのノウハウを駆使する。

これは一般の事業会社も見習うべきことではないだろうか。とくに近年増えている業界再編による買収や、アジア進出への足がかりとなる買収では、買収そのもののスピードに加え、短い期間のうちに買収による効果を出すことが求められる。

ここで、新総企をプラットフォームとした追加買収と経営支援の実例を紹介しよう。具体的にリバーサイドのPMIのノウハウを見ていただきたい。

追加買収の対象となったのは、一九八九年に東京で設立されたコインパーキング事業会社の株式会社マオスである。

マオスの創業社長・増田昭彦氏は持ち前の営業力で、「Ｊ・ＰＡＲＫ」ブランドのコインパーキング事業を拡大させてきた立役者だ。一時は株式上場の準備を進めるほどの勢いだったが、同業他社の増加によって、コインパーキング業界は転換期を迎えていた。

「これからは資本力のあるところが勝ち残る」

そう考えた増田氏は、事業売却を検討し始めた。マオスを資本力のある企業の傘下に置き、業界再編の時代を生き延びようという戦略だった。

しかし、銀行をはじめとするＭ＆Ａアドバイザーなどの紹介で、いくつかの事業会社への売却を検討したものの、決断にまでは至らなかった。売却後、その会社がマオスや従業員をどう扱うのか、創業者としての懸念を完全に払拭することができなかったからだ。

そのようななかで出合ったのが当時、新総企をプラットフォームとした追加買収を検討していたリバーサイドだった。

マオスの会社概要

会社名	株式会社マオス
本社所在地	東京都練馬区
代表者	増田昭彦
設立年	1989年3月
事業内容	コイン式時間貸駐車場の運営・管理／バイク月極・時間貸駐車場の運営・管理／マンション来客用駐車場の運営・管理／各種自動販売機のロケーション開発業務
資本金	3000万円
事業地数	418事業地
従業員数	26人

＊データはM&A時のもの

森氏は、ニューヨークのリバーサイド本社からの依頼に基づき、将来的な事業統合を前提に、新総企との相乗効果がある企業についての調査を行っていた。さっそく森氏は、新総企社長の田伏氏とマオス社長の増田氏、それに自身を含めた三人によるミーティングをアレンジした。

増田氏は一見無愛想なようで、実際は他人への配慮の行き届いた折り目正しい人物であることが、話してみるとすぐにわかった。それればかりでなく、柔軟性と先見性に溢れた経営者であることが伝わってきた。

増田氏はマオスを設立した当初、飲料用自動販売機の設置場所を開発する事業を本業としていた。そのなかで、コインパーキング事業の成長性に目をつけるや、それまでの事業をコインパーキング事業に転換したのだ。その決断力と実行力、そして事業を発展させた営業力には目を見張るものがあった。とりわけ田伏氏にとっては、増田氏は同業者であり、その手腕と人間性に共感するのも早かった。

オフィスでのミーティングと会食を経て、森氏は田伏氏にマオスの買収を提案した。田伏氏にとっても申し分のない話であり、買収に賛成の意を示した。一方で、増田氏は同業の先輩である田伏氏の誠意ある対応を受けて、事業の売却を決断した。

森氏はアメリカのリバーサイド本社に、マオスの追加買収をアドバイスし、これを受けてリバーサイド本社はファンドによるマオス買収を決裁した。

グループとしての人事を行う

買収は、持ち株会社の下に、新総企とマオスが兄弟会社として並立する形で実行された。

売上げはマオスが新総企の二・五倍ほどあり、会社の規模もマオスが新総企を上回っていたが、収益にはそれほど大きな違いはなかった。

リバーサイドによる位置づけは、新総企が事業の母体となるプラットフォーム企業であり、これにマオスが加わる形での追加買収だ。追加買収が行われたのは、新総企を買収してから一年二カ月後のことだった。

森氏と面談した当初、マオスの増田氏は「引退して趣味の大物釣りに興じたい」と話していた。しかし何度か面談を行うなかで、増田氏が優れた経営手腕をもち、経営にも意欲のあることを感じとった森氏は、増田氏を慰留した。

それを受け、増田氏は引き続きマオスの経営にあたることになった。

そればかりでなく増田氏は、事業売却から得た資金の一部を新総企とマオスに再出資し、株主としても経営にかかわることにした。

これには、ほかにも理由がある。

そのとき新総企の田伏社長が六二歳であったのに対し、マオス社長の増田氏は四六歳と、一回り以上も増田氏のほうが若かった。増田氏はまだエネルギーがみなぎり、体力、精神力ともに充実していた。

「増田さんであれば、任せてもかまいません」

田伏氏はリバーサイド側にそう伝えた。

じつは、田伏氏は自らの年齢を考え、リバーサイドが新総企を買収した直後から、適当な人材がいれば社長のポストを譲りたいと考えていた。こうして田伏社長の後継者として増田社長を迎え入れる伏線ができた。

投資家からすれば、成功している会社の経営者の交替には大きなリスクが伴う。そのようななかで、増田氏のように優れた経営者が、事業売却後に自分の資金を再投資して、引き続き事業経営にあたるのは理想型のひとつといっていい。

譲渡企業の社長が買収企業の社長を兼務

マオスの買収後、両社の役員会議と株主総会が開催された。

新総企では、田伏靭夫氏が社長職を辞して会長に就任し、後任社長をマオスの増田昭彦社長が兼務することが承認された。同時に、新総企の財務責任者がマオスの役員となり、同社の財務責任者に選出された。

結果的にたすき掛け人事のようになったが、実際には後継者を探していた田伏社長の後任に、考え方の合致する増田氏が就任し、強力な財務責任者がいないマオスの財務責任者に、駐車場事業の経験豊かな新総企の財務責任者が就くという、実務的な判断だった。

こうして、新総企とマオスの両社はまったく同じ役員構成となり、人事面でも統合されたのだった。

新総企のときと同様、マオスの社外役員に森氏も選任された。

森氏はマオスの全社員を前に、「引き続き増田社長のもとで、成長戦略を実行していってほしい」と伝えた。

新総企の場合には、業務横断型の変革推進チームを組織し、そこが戦略の策定と実行の要となった。一方で、マオスでは毎週、営業部員が集まって会議が開かれていた。上場準備を進めていたこともあり、社内にはすでに、個々人の営業成績をデータ化するシステムも導入されていた。それをもとに管理部門のスタッフも参画して、前週の業績と今週の活動を議論する仕組みもあった。

そこで、森氏は、新たにミーティングの機会をつくるのではなく、毎週の営業会議に出席して、気づいたことを議論の俎上《そじょう》に乗せたり、増田社長と懇談の場をもったりする形で、マオスの経営革新を支援することにした。

両社の幹部で泊まり込みの合宿を行う

買収後まもなく、新総企とマオスの社長以下の幹部社員合わせて一五人による社外でのミーティングが行われた。集まったのは、新潟市と東京、両社の中間地点にある越後湯沢のホテルだった。

新総企とマオスの両幹部にとって、現場を離れた場所でオープンな議論をしようというオフサイトミーティングだ。事業戦略の確認と、両社の連携意識を高めることを狙い、親睦を兼ねて行われた合宿だった。

ミーティングはまず、森氏をファシリテーターとして、お互いについて知るためのゲーム「ウソつき自己紹介」から始まった。各人が自分の人生における大きな出来事を四つあげながら自己紹介をするのだが、そのなかのひとつがまったくのウソであり、そのウソをみんなで当てるというゲームだ。

「私は大物釣りが大好きで、こんなにデカイ魚を釣ったことがあるのですよ。でもじつは、私は泳げないのです」と社長の増田氏は自己紹介をした。

増田氏は見るからにスポーツマン風の容貌で、肌は真っ黒に日焼けしている。魚釣りが大好きなのはよく知られていたが、泳げないというのは、ひょっとしたら本当かもしれない。社員も含め、多くの人がそう思って騙された。

「ふつう初対面では仕事の話しかしないし、プライベートの話題といっても魚釣りが趣味という程度の話しかしません。それが、ちょっとした仕掛けをすることによって、短時間で少し深いレベルでの人間関係を築くことにつながるのです」（森氏）

これは、ファシリテーションのテクニックを応用したゲームだ。

ファシリテーションとは、ミーティングの場で参加者の意識の活性化やお互いの理解を促進するための技法のことをいう。アメリカで開発され、いまでは教育やビジネスなどで盛んに応用されている。短時間で人間関係を構築し、新しいアイデアを出したり、合意を形成したりするのに効果がある。

森氏は、アメリカのGE時代に数多くのファシリテーションの現場を体験し、現在は日本ファシリテーション協会のフェローも務める専門家である。

ファシリテーションは、日本の企業では、カルロス・ゴーン社長が日産の経営を立て直し、星野佳路《よしはる》社長が率いる星野リゾートが旅館やホテルを再建する際に活用した方法として知られる。新総企の変革推進チームでとった手法も、この技術を応用したものだった。

「うそつき自己紹介」のあと、オフサイトミーティングは「強いチーム」について考えるワークショップに移った。

参加者を、新総企とマオスの混成チーム二つに分け、それぞれで強いチームの具体例を話し合い、そこに共通する特徴を書き出すというものだ。書き出された特徴を見ながら、自分たちが「強いチーム」になるためのルールを導き出すことを、このワークショップのアウトプットとした。

二日目は、事前の役員会議で承認された事業目標をどうやって達成するかについて、全員で議論を行い、前向きな意見が数多く出された。

「腹を割って話せるようになったあとは、戦略やそのためのオペレーションの重要な部分、課題をきちんと共有してもらわなければなりません。

泊まり込みの合宿は、そのためのきっかけづくりです。一日や二日で物事が変わるわけではありませんが、そこでできた関係性が、翌週からの仕事の進め方や行動のあり方に影響を与えるのです」（森氏）

「営業スタイルの違いがシナジーを生む」

地方のノウハウと東京のノウハウ

オフサイトミーティングの効果はほどなく現れた。合宿のあと一カ月も経たないうちに、営業面での相乗効果で第一号となる事例が生まれた。

新潟の空き地情報が、東京のマオスから入ってきたのだ。

これは、マオスと新総企の営業力の質が違うことから生まれたものだった。

新総企は新潟のトップ企業であり老舗だけに、「新総企でございます」と挨拶すれば、「ああ、あのフレンドパークさんね」と土地のオーナーが応対してくれる。ところが、このやり方は新潟以外では通用しない。それまで新総企は単独で、新潟県外への進出を試みていたが、営業力が不十分で成果には結びついていなかった。

一方、東京をマーケットとするマオスの場合は、そもそも商圏も広く、競合も多い。マオスにはそれを前提に、タフな交渉を乗り切って駐車場用地の契約を確保していく営業力があった。

新総企の担当者は早速営業をかけて、駐車場用地としての契約に成功した。これは、新総企の営業スタイルでは切り崩せなかった壁を、マオスの営業力により突破した例といえる。

一方のマオスにとってはどうか。

マオスには、銀行や病院の駐車場を運営するノウハウがなかった。

そこで両社の社長を兼ねる増田氏は、マオスのトップセールスマンを新潟に送り込み、新総企の担当者とともに、銀行や病院を対象とした営業活動に取り組んだ。

パーキング経営のノウハウは新総企が優れ、駐車場用地を開拓、展開する力はマオスが優れている。その結果、それまで新潟と東京だけの商圏にとどまっていたのが、福島、埼玉、長野、石川、宮城と、次々に新しい地区への進出に成功したのだ。

このときカギとなったのは、じつは新総企の営業部隊だった。同業他社との競争で磨かれたマオスの営業スタイルを学ぶことで、新総企はこれまでとは違う営業アプローチを身につけ、その営業力をもって、埼玉や長野を手始めとした新しいマーケットの開拓でも実績をあげるようになっていったのだ。

「マオスは東京近郊しか見ていなかった。実際にその営業力を地方にもっていってア

クションを起こしたのは新総企の人たちでした。だからこのコンビネーションは、シナジーがあったのです」（森氏）

さらに、新総企の営業社員が東京のマオスに出向し、事業を開拓する余地の大きい東京での営業活動に参画したりした。

こうして短期間で相乗効果が生まれたのは、何よりリバーサイドのノウハウがあったからであり、これこそまさにPMIによる成果といえるだろう。

新しい管理システムを導入する

最後に、管理面における買収のシナジーについて検討してみよう。

新総企とマオスは、インターネット経由で必要なものを必要なときだけ呼び出して利用するサース（SaaS = Software as a Service）型の経営管理システムを導入した。

なぜ新総企とマオスで、新たな経営管理システムが必要だったのか。

その第一の目的は、財務会計と管理会計を統合するためだった。それまでは会社本体の財務会計があり、それとは別に、駐車場ごとの損益の積み上げを別会計で管理していた。このため、二つの会計の数字が一致しないということも多々あった。

これを両方一致した会計データとして揃えるために導入したのが、サース型システムだった。サース型は、必要なものだけを導入できるので、経費的にも、その後のシステムの更新も最小限ですみ、その意味でも都合がよかった。

以前のシステムでは、データの入力の仕方が厳密ではなかったため、実際は儲かっているのに儲かっていないと勘違いして駐車場を閉鎖した失敗もあった。それに対し、新しいシステムでは緻密なデータ入力が要求され、情報が正確に活用されるようになった。

正しい意思決定に役立つだけでなく、意思決定のスピードアップのためにも、多少のコストをかけてでも導入する意味があった。

もうひとつの目的は、収益力の強化にあった。とくにマオスでは、規模は新総企より大きかったものの、収益力が低いという課題があった。マオスでは儲かっていない駐車場が新総企以上に多かったのだ。

では、どのような対策をとったのだろうか。

「端的に言えば、儲からないところをやめたのです」(森氏)

儲かっていない理由はさまざまで、儲かると思ってやってみたけれどもうまくいかなかったケース、当初はよかったのだが、隣に大きな駐車場ができ利用者が急に減ってしまったケースなどだった。

森氏はそうした理由を仔細に分析し、必要な手を打つよう促した。そのうえで、やれることを全部やってもダメだったら撤退することを提案した。

撤退は会社としての売上げが減ることを意味する。それについて森氏は言う。

「多くの経営者は売上げが減ることを恐れて、なかなか撤退の決断ができません。しかし、『やりましょう』と言って背中を押しました。『いいじゃないですか。赤字を出しておく必要はないでしょう』と」

日本の会社は、無駄なことを多く放置しているというのが、森氏の印象だ。

新総企で森氏が試みたように、場所ごとにデータをとる、あるいは時間的に細かくデータをとるなどして分析を行うといったことは、森氏が経営支援に乗り出したときの新総企と同じで、マオスでも行ってはいなかった。

森氏は、細かくデータを収集し、それらを正しく分析するようにした。それにより、マオスでは赤字の駐車場が三分の一以上もあることがはっきりした。

そこから撤退するだけで、利益が五〇％も増える。

なぜ三三%でなく五〇%なのか。理由は、土地代の支出で赤字を出すだけでなく、赤字である三分の一の駐車場の維持管理のために、余計な人手を取られているからだ。それらをやめれば、駐車場の維持費と余分な人件費の削減で、利益が大幅に増える。もちろん実際には、人件費を削減したのではなく、成長分野へ人を振り向けた。

そればかりでなく、新しい経営管理システムの導入と、それに付随する業務プロセスの変革によって、必要な情報がタイムリーに入るようになった。駐車場の損益についても、それまでは毎月の数字を締めたあとで計算を行っていたが、新システムでは集金のたびにデータが正確に入力されるため、新総企でもマオスでも、集金した時点で駐車場ごとの損益が把握できるようになった。

こうして新総企とマオスは週単位で損益のモニタリングを行いつつ、三カ月単位で駐車場をやめるかやめないかという意思決定を下していくという新しい経営のシステムを構築していった。

両社は、定義の異なる勘定科目の一つひとつをつき合わせ、一年がかりで経営管理システムの統一を完了した。

これによって、同じ指標の情報が、東京においても新潟においても、タイムリーに入手できるようになっただけではない。これらのシステムはインターネットで利用できるため、東京と新潟という場所に限定されず、どの地域からでも、そしていつでも駐車場ごとの情報にアクセスすることが可能になった。

そのため、両社のトップを兼ねる役員は、いつ、どこにいても会社の意思決定を迅速に、しかも正確に行えるようになった。それはそのまま現場トップの意識改革につながり、経営判断の精度とスピードを上げることにもつながった。

さらに営業体制を強化する

儲かっていない駐車場を閉鎖することによって得られたものは、ほかにもある。営業のムダがなくなり、社員にとっては時間的に余裕が生まれた。そこで、マオス買収から一年後、社長の増田氏は営業体制の強化策を打ち出した。先輩と後輩でペアを組ませて、チームで競わせることにしたのだ。そのため、新規に若手の営業マンの採用も行った。

これと連動し、毎週行われている営業会議では、議論すべき指標の見直しを行い、新たな指標を設定した。契約件数や金額などの達成目標だけでなく、毎週訪問すべき顧客数や調査すべき事業地数などの行動目標を決め、その進捗をイントラネットで他のチームと比較できるシステムを構築した。

管理部門には、この新しいシステムの運営に必要な数字を毎週出すというプレッシャーがかかった。チームのリーダーに対しては、管理職として部下を育成するという課題を達成するために、以下の一〇のリーダー心得も通達された。

一、ぐちを言わない
二、行動で示す
三、他人のことを言わない
四、会社全体を見る目を持つ
五、他チームとの競争意識を持つ
六、自信を常に持つ
七、管理能力を養う
八、前向きの話をする（後向きの話をしない）
九、部下に責任を持つ
十、会社内を明るく活気づける

ここから、会社全体を見渡しながら組織を引っ張っていくという、増田氏の考えるリーダーシップ像が見えてくる。増田氏は結果的に二社を統合する責任者となり、リバーサイドの要求に一二〇％応えたといえるだろう。

森氏は、M＆Aにおいて企業のトップに求められる資質について、次のように語ってくれた。

「リバーサイドは買収した企業の売上げを伸ばす成長支援型のファンドなので、投資先には基本的に営業力のあるトップが必要なのです。ときには、営業のトップ、マーケティングのトップを外部から呼んでこなければならないケースもありますが、新総企とマオスの場合は、外部から招く必要はありませんでした」

同時に、創業者である現社長が比較的高齢な新総企にとっては、後継者という意味でも、会社としてのステップアップという意味でも、新しいリーダーシップが必要だった。その要望に応えたのが、マオス社長の増田氏だった。

「リバーサイドのようなファンドに会社を売却する動機で大きいのは、やはり後継者問題です」

リバーサイドは追加買収という手段を採用することで、事業規模の拡大を実現し、あわせて新たな後継者の獲得という、二兎を一挙に得ることに成功した。

二〇一二年四月、リバーサイドは総合商社の丸紅が一〇〇％出資する投資ファンドに新総企とマオスを売却し、ファンドとしての関与を終了した。この間、事業承継問題を解決し、社員の成長を促し、会社としての底力を大幅に強化した。事業も成長を遂げ、企業価値が大きく向上した。リバーサイドのもつＰＭＩのノウハウが、日本でも通用することが立証された事例といえるだろう。

第2章

アメリカの先進ノウハウに学ぶPMIの手法

ファーストビジットとデューデリジェンス

ファーストビジットがすべてを決定する

経営者の人間性や経営哲学を知る

第1章では、リバーサイドによる日本企業の買収事例に基づいてＰＭＩの実際を紹介した。続いて、リバーサイドのＰＭＩのノウハウを具体的に三つの項目で説明していこう。この第2章で「ファーストビジット」「デューデリジェンス」、次の第3章で「一〇〇日プラン」を扱うことにしたい。

Ｍ＆Ａの手順のなかには、それを注意深く確実に行わなかったために、ＰＭＩの段階になって、統合の作業にマイナスの影響を与えるステップがある。

そのひとつが、「ファーストビジット」だ。ファーストビジットとは、買い手側と売り手側、双方のトップによる最初のコンタクトのことで、日本では「トップ面談」と呼ばれる。

当社もトップ面談をたいへんに重視しているが、リバーサイドでは、「ファーストビジットの際の第一印象がその後のすべてを決定する」とまで言う。ファーストビジットは、調査資料には現れない経営者の人間性や経営哲学を知るための機会であるからだ。

とくに非上場のオーナー企業の場合は、社長が陣頭に立ってすべてを決めるケースが多いため、社員は知らず知らずのうちに、社長の思考パターンに染められる。「社長ならどう考え、どう行動するだろうか」と自然に考えるようになり、それが仕事にも反映する。そのため、Ｍ＆Ａを機に社長が退任しても、ときに社長の「イズム」が社風として社員に引き継がれることになる。

売り手企業の損益状況や資産内容がどんなに優れていても、経営に対する考え方が買収する側とまったく違っていたとしたらどうだろう。Ｍ＆Ａ後に優れたマネジメントチームをつくりあげてＰＭＩを実行しても、売り手側の社員は仕事に対する姿勢の違いに戸惑って、買収によるシナジーを生むことは容易ではないだろう。

そのために買い手側は、売り手側の社風や企業文化が自分たちの社風や企業文化と合うかどうか、多少違っていたとしてもマネジメントで統合できる範囲かどうかを見極めなくてはならない。

これは、第1章で紹介したＰＭＩの三ポイントのひとつ、「経営者同士の相性」にも通じる要素だ。

リバーサイドと新総企がマオスを買収したケースでは、リバーサイドはマオスの増田社長が優れた洞察力と判断力をもつ人物であることを見抜き、当初は引退を口にしていた増田社長を口説き落とした。

増田社長にはマオスだけでなく新総企の社長も務めてもらうことで、その経営手腕は統合した二社を躍進させる大きな推進力となった。

つまり、買収に望ましい会社とわかり、その社長の経営手腕が優れているときには、たんに会社を買収するだけでなく、売り手側の社長に、買収後も会社に残って陣頭指揮をしてもらえるように交渉をしなければならない。これについても、ファーストビジットがその行方を大きく左右する。

譲渡企業の経営者に「謙虚」に向き合う

リバーサイドでは、ファーストビジットの前に、買収する企業についての調査を徹底して行う。沿革、資本金、売上高、営業利益、従業員数、役員構成、株主構成などの企業情報についてはいうまでもなく、経営陣の学歴や出身地、家族構成や趣味といった、個人に関する情報から風評に至るまで調査する。

さらに、その会社が属する業界のトレンド、競合他社の業績、株価、業界内でのＭ＆Ａの状況といった情報も把握する。

こうした調査結果を踏まえて、ファーストビジットを迎える。

「ファーストビジットで最も重要なことは、経営陣の人たちを個人として、人間として知ることである」とリバーサイドの幹部たちは話す。

そこで心がけることは「謙虚さ」だという。

リバーサイドではファーストビジットにおいて、売り手企業の経営者と夕食を共にしながら、家族や子どものこと、好きな旅行先、趣味などについて会話を弾ませ、その人について知ろうと努力する。

Ｍ＆Ａのあとは、利害を共有してベクトルをそろえることになる。そのため、これからチームを組んで一緒に経営をしていく仲間として、あるいは売り手側の社長は退任するにしても、企業に大きな影響を与えた創業者や前オーナーとして、価値観や企業文化、目標を共有していける人たちなのかどうか、お互いに判断する。

そこでは、一方的な会話ではなくお互いを理解し合うための会話が必要だ。リバーサイドでは、ファーストビジット用のプレゼンテーションキットを周到に準備するが、できれば資料を広げることのない、自然な会話が望ましいと考えている。

実際に日本におけるM＆Aでは、ファーストビジットの段階でここまで相互の理解が進むことは少ない。というのも、初回の面談は金融機関やM＆Aブティックなど仲介者の用意した会議室や応接室で行われることが多いからだ。

当社では、ファーストビジット（トップ面談）の前に多くの時間を費やして、売り手と買い手に対して相手に関する入念な説明を行っているが、直前に一時間ほどブリーフィングを行うだけの仲介者もあると聞く。

これだけでは、お互いを知るための準備として不十分だ。とくに売り手側にとっては、人生を懸けて創業し育ててきた会社を手放すことになるかもしれないため、その頭のなかでは、自分でも整理できない思いが渦巻いている。

「会社はどのように評価されるのか？」

「M＆Aのあと、社員はどうなるのだろうか？」

「自分の役割はなくなるのだろうか？」

「地域社会や業界での自分の立場はどうなるのか？」

「自分のこれまでの苦労への対価はどれくらいか？」

こうした思いに対して、買い手企業が最初の面談でどのような回答を出してくれるのか、売り手側の経営者は真剣に待ち受けている。こうした状態にある経営者に、買い手側はどのように対応すべきだろうか。

経営に対する情熱を共有する

以前に、当社がM＆Aを仲介した事例を紹介しよう。売り手側は、中堅の電子部品メーカーとして業界で評価を得ている企業だった。これに対して、同じ業界の大手企業が名乗りをあげ、トップ面談が行われた。

買い手側の出席者は、社長、専務、常務、財務担当役員の四名で、彼らは大まかな自己紹介を終えたあと、それぞれの立場で質問を始めた。質問は、万が一M＆Aが成功しなかった場合や、PMIがスムーズに進まなかった場合に自分の責任を回避できるかどうかという、保守的でサラリーマン的なものばかりだった。

譲渡側の社長は失望した。

業界大手の企業にダイナミックな企業戦略を期待し、そこで自分の会社がどのような役割を果たしていけるのかを知りたかったのだが、相手は個人的な立場からの質問に終始した。

「彼らには自分の会社は任せられない。彼らの保身のために、社員が犠牲になるかもしれない」。そう考えた社長は、私にきっぱりと断ってきた。

これは、大手企業が中小・中堅のオーナー企業の買収交渉を行うときにときどき見られるケースだ。

ほかにも、ファーストビジットで失敗するケースがある。買い手側が、売り手側の企業やその業界について不勉強で、十分に資料を読み込まずに面談に臨むなど、相手に対しての敬意が足りない場合だ。

これでは、売り手側は自分たちがおろそかに扱われた気になる。

言うまでもなく、譲渡側が会社を売りたいと考えるのは、自分たちの会社や業界に熱意をもってくれる相手である。買い手側は、売り手側の業界や会社について十分な知識を身につけ、ファーストビジットでは相手に対する興味と関心を伝えて、経営に対する情熱を共有することが必要だ。

中堅電子部品メーカーの例を続けよう。ほかにも数社と交渉を行い、最後の相手はある地方企業で、地域ナンバーワンのシェアをもつ会社だった。

ファーストビジットの面談は、創業者である会長とその夫人、跡継ぎ息子の社長を交えて行われた。

まだ若い社長は、関東圏への進出を狙っており、業界における勢力地図を徹底して研究していた。そのうえで相手の社長に対し、自社が製造技術に強みをもっていること、自社の傘下に入れば、譲渡側企業の営業基盤と高い相乗効果を期待できることなど、経営への思いと戦略を熱く語った。

その戦略を実現するために、Ｍ＆Ａのあとも、ぜひとも創業者である譲渡側の社長の力を借りたいこと、社員の一人ひとりを大切にすることなどを丁寧に説明した。そして最後に、会長夫妻が、「未熟な息子ですが、面倒を見てやってください」と深々と頭を下げた。

譲渡側の社長は、相手側の戦略の実現可能性に期待し、将来に対するビジョンに共鳴し、何より譲渡側の社員を、自社の社員と同じように大切に思う気持ちに胸を打たれ、「こちらこそよろしくお願いいたします」と返事をした。

ファーストビジットが重要なのは、買い手側にとってだけではない。譲渡側の経営者にとっても、経営に対する考え方や人生観を伝え、思いと情熱を共有する最初の機会という点で重要だ。

その後、譲渡側の社長は子会社となった自社の会長職に就き、親会社の社長が描いた経営戦略の実現に一肌脱いでいる。子会社の社長は親会社の社長が兼務し、社員も一丸となって仕事に取り組んでいる。

高い製造技術と強い営業基盤の相乗効果によって順調に業績を伸ばしていることもつけ加えておこう。

セカンドビジットで判断材料を増やす

ファーストビジットにおいては、相互の価値観の確認が重要だが、実務面での最重要ポイントは、買収後に本当に経営統合が可能かどうかを見定めることだ。

しかし、先にも述べたとおり、日本のM＆Aにおけるファーストビジットは、現状では面談のための十分な準備ができていないケースが多い。仲介者のサービスでそれが実現できなければ、次のような形での二回目のトップ面談（セカンドビジット）を実施する。

買い手側が譲渡側の会社を訪ねて、本社、工場、倉庫など、判断の材料となる現場を可能なかぎり見せてもらう。このときは、譲渡側がオーナー企業であれば、社長と夫人に、そうでなければ社長、営業・技術・管理それぞれの担当役員といった、中心となる経営陣に参加してもらう。

現場の見学が終わったあとは、料亭などの個室を借りて会食の場を設ける。

オーナー社長同士であれば、創業時の苦労や不渡り手形を食らって倒産しかけたときの苦労話、信頼していた番頭に裏切られたときの話などを語り合う。資本と経営が分離している会社であれば、現社長がここまで会社を成長させた中興の祖としての苦労、経営陣を育成するのに気をつかったこと、後継者の育成などに関して、腹を割って話し合う。

これにより、ファーストビジットにおける準備不足を補うだけでなく、相手の社風や企業文化を自分の目で直接確かめ、トップの経営観を理解することができる。

トップ面談を行って、経営に対するお互いの価値観と企業文化を知ることは、ＰＭＩを進めるときに重要な要素となる。また、次のステップであるデューデリジェンスに進む前に必ず理解しておきたい点だ。

デューデリジェンスから調印式まで

譲渡企業へ「期待」を伝える

ファーストビジットに続いて、ＰＭＩにおける重要なポイントとなるのが「デューデリジェンス」だ。

デューデリジェンスとは買収監査のことで、対象となる企業（売り手企業）の資産価値や収益力、Ｍ＆Ａを行った際のリスクなどを、経営、財務、法務、さらに業界の動向など、さまざまな観点から検討し、評価することをいう。

財務デューデリジェンスでは、公認会計士の力を借りながら、財務諸表や資産を精査し、譲渡企業の経営実態を精査する。

チェックする資料は、最近の決算書や税務申告書、顧客との契約書や借入れに関する契約書、さらに株主総会の議事録や訴訟記録など多岐にわたる。これまで知らされていた情報と齟齬《そご》がないか、隠された負債などがないかなど、相当の注意を払ってチェックが行われる。

法務デューデリジェンスでは、弁護士の力も借りながら現在の債権債務、さらに将来的に発生するかもしれない債権債務など、法律上のリスクがチェックされる。

そしてビジネスデューデリジェンスでは、M&Aによって得られる利益やシナジーなど、ビジネス上の効果について、買い手企業やM&Aブティックなどの担当者がチェックを行う。

こうしたデューデリジェンスは、会社が休日の土曜や日曜に行われることも多い。会社の売却は社内に公表していないケースがほとんどであるためだ。

実際の現場では、次のような観点で監査が行われる。

「このままの組織で、事業計画を予定通りに達成できるか？」

「経営判断を行うための有効なKPI（重要業績評価指数）は何か？」

「今後の経営で課題となる点は何か？」

「同業他社と比較して、この企業の強み、弱みは何か？」

デューデリジェンスの結果によっては、譲渡企業のオーナーを説得し、株価を下げてもらわなければならないこともある。場合によっては役員の交代もありうる。

そうした場合は、当然のことながら相手にも利害関係者がいるために、簡単には了解してもらえないこともある。ハードなネゴシエーションになったり、感情的になったりする場面もあるだろう。

さらに、デューデリジェンス後の最終契約書を決めていく過程で、とくに譲渡企業のオーナーが引き続き経営にあたる場合には、M&Aの前提となる事業計画やインセンティブプランを明示しておくことも重要だ。

買収後のトラブルは、買収側の「期待」が譲渡企業の経営陣に十分に伝わっていないことから発生することが多い。また、譲渡企業のオーナーがサラリーマン経営者になって責任が軽くなったために気を抜いてしまい、社内に緊張感がなくなり、期待した事業計画にはほど遠い結果になる場合もある。

前提となる計画や目標を明確にせず、ただ買い手が期待していた業績と異なるからといって、一方的に報酬を下げたとしよう。すると、「一生懸命やっているのに約束が違う」と相手のモチベーションが大幅に低下したり、大きなトラブルに発展することにもなりかねない。報酬を下げられた側が怒るのも当然だ。

それに対し、買い手側が譲渡側に、事業計画や目標となる数字を伝えて合意をしていれば、目標からかけ離れた結果となった場合に、買い手側が報酬を下げたり経営トップの交替を要求したりしても、トラブルになることはない。

売り手のオーナーの心情を理解する

ここで、デューデリジェンスの時期に気をつけたいこととして、譲渡企業オーナーの心情について触れておこう。

遠い先だと思っていた事業譲渡が目前に迫り、調印式へのカウントダウンが始まると、譲渡側のオーナー社長の多くはさまざまな思いに苛まれる。

自分が創業して育ててきた、自らの分身のような会社を売却する……。

後継者が不在で、業界再編の波も激しく押し寄せている。自力では大きな成長は望めない。何年か後には、存続さえ危ういかもしれない。客観的に見れば、Ｍ＆Ａが必要なことはわかっている。だからＭ＆Ａアドバイザーの勧めに従って、ここまで積極的に進めてきた。しかし、監査が終わり、最終条件や詳細の詰めがスタートすると、「会社を売る」ということがにわかに現実味を帯びてくる。

「これまでは温情主義でやってきたが、新しい幹部社員によっていじめられたり、降格や減給になったり、さらには首を切られたりする社員が出てこないだろうか」

「人生最良の仲間だった幹部社員たちは、自分を恨まないだろうか」

「大企業に勤めている長男には相談しなかったが、本当は自分が継ぎたいと思っているのではないだろうか」

「商工会議所の理事を務めてきたが、M&Aを行ったら『会社を売却して、途中で投げ出した』というレッテルを貼られるのではないか。これまで培ってきた信用や地位、名誉が失われてしまうのではないだろうか」

「二四時間三六五日、事業のことばかりを考えて仕事中心の生活をしてきたので、趣味もないし友人もいない。今後はどんな生活を送ればいいのか」

「本当に売却してよいのだろうか。売却するにしても、ほかにもっといい相手先があるのではないか」

悩み出すと気持ちの整理がつかなくなって、買い手企業に対して法外な条件をもち出したり、突然断りの電話を入れたり、雲隠れをして連絡がつかなくなってしまったりする経営者が実際にいるのだ。

M&Aのプロセスは、デューデリジェンスのあと、最終条件の調整を経て、最終契約の締結へと至る。その意味で、譲渡側のオーナーにとってデューデリジェンスは、引き返す決断のできる最後の時期でもある。

そのため、この時期に譲渡企業オーナーの心情を十分に理解し、その悩みを共有していくことは、買い手企業にとっても、そしてM&Aを仲介する私たちにとっても、きわめて重要だ。

これまでの私の経験から言うと、譲渡企業オーナーの本当の希望や価値観、人生観が現れるのも、じつはこの時期だ。社員への思い、取引先への思い、地域社会への思い、自分自身への思い……。それらを理解し、納得感をもって調印式を迎えることが、買い手側にとっては、買収後の経営、つまりPMIをスムーズに進めることができるかどうかのポイントになる。

続いて第3章では、PMIの具体的な実務を、リバーサイドの「一〇〇日プラン」に基づいて説明しよう。「マネジメントチームの結成」や「従業員とのコミュニケーション」を含め、PMIのポイントはこの「一〇〇日プラン」に網羅《もうら》されている。

第3章

PMIを実行する「一〇〇日プラン」

M＆Aの成立後100日間に取り組む
7つのテーマ

「一〇〇日プラン」で進める七つのテーマ

細かく進捗を確認しながら進む

Ｍ＆Ａのシナジーを最大化するためには、速やかにＰＭＩを進めなくてはならない。このスピード感という観点においてもリバーサイドに学ぶべき点は多い。

買収した企業の価値を向上させ、数年後に売却しようとするリバーサイドでは、無為に過ぎてしまった一年は、経営を改善して成長させる機会の一〇％以上に相当する。投資の初期に一年間を無駄にすることは、投資リターンからすると、はかりしれない損失になってしまう。

そこでリバーサイドでは、「一〇〇日プラン」というＰＭＩのノウハウを使って、経営統合のシナジーを追求する。

これは一〇〇日間で統合作業のすべてを完了させることを意味するものではなく、一〇〇日というのはあくまでも目安だが、その内容は非常に精緻で示唆に富み、一般の事業会社がＭ＆Ａを行った場合にもそのまま応用できるものだ。

興味深いのは、リバーサイドがこのプランを、「三カ月プラン」と呼ばずに、「一〇〇日プラン」と呼んでいる点だ。「三カ月プラン」では「一カ月」がひと区切りとなり、それを三回繰り返すイメージになる。しかし一〇〇日プランでは、極端に言えば一〇〇段階のステップを設定できる。今日の段階を踏まえて、明日は次の段階というように、細かく進捗を確認しながら進むことができる。

また、「二〇〇日プラン」でも「三〇〇日プラン」でもなく、「一〇〇日プラン」とすることにも意味がある。三〇〇日の計画となると、ゴールは一年近くも先となり、目標を達成したときのイメージもつかみにくい。だが一〇〇日であればゴールが見えやすい。すべての社員が「感覚的」に、目標を達成したときのイメージをつかめるのがポイントだ。

では、リバーサイドによる「一〇〇日プラン」のノウハウを紹介しよう。

具体的には次の七つだ。

1 キーマンの採用・処遇計画
2 組織図・要員計画のアップデート
3 戦略計画の策定

リバーサイド「100日プラン」の7項目

1．キーマンの採用・処遇計画
2．組織図・要員計画のアップデート
3．戦略計画の策定
4．事業計画・月次事業計画の確認・見通し
5．全従業員とのコミュニケーション
6．ガバナンス（企業統治）の確認
7．前オーナーからの引継ぎ完了

4　事業計画・月次事業計画の確認・見通し
5　全従業員とのコミュニケーション
6　ガバナンス（企業統治）の確認
7　前オーナーからの引継ぎ完了
これら一〇〇日プランの七項目について以下、詳しく見ていくことにする。

キーマンのもとで事業計画を実行する

社長と財務責任者は適任か

ひとつめの「キーマンの採用・処遇計画」は、二つめの「組織図・要員計画のアップデート」にもつながる項目だ。

リバーサイドでは、この「キーマンの採用・処遇計画」を、「買収のベーシック」と呼んでいる。買収後は、まず譲渡企業の最高経営責任者（CEO）である社長、そして最高財務責任者（CFO）である財務部長などの評価を行って、今後の事業展開において適切な人材であるかどうかを判断しなければならない。そのうえで、ときには「キーマンの採用」や「組織図・要員計画のアップデート」を行い、マネジメントチームを再編する。

M&Aでは、買収された企業が子会社として単独で成長するのではなく、親会社とのパートナーシップのなかでシナジーを生むことが求められる。したがって、マネジメントチームの編成も、それを可能とするものでなければならない。

多くの場合は、譲渡企業の経営者にそのまま経営を任せることになるが、ときに個性や独創性が強すぎて、チームの一員としては不適切な場合がある。たとえば製造業などでは、社長がスーパー技術者で、技術はたしかに突出しているが、経営感覚や営業感覚が欠如しているというケースがある。社長の技術力で事業を牽引してきたような企業だ。この場合は、社長には製造担当副社長や最高技術顧問、研究所所長などになってもらい、新社長には経営のプロを採用するというのもひとつの方法だ。

子会社の経営計画や戦略は、親会社と子会社の経営陣が一体となって作成し、目標を共有する。戦略を実行に移し、目標の達成を実現するのは、子会社の社長にとって最も重要なミッションだ。

もし半年たっても目標が達成できなければ、親会社は子会社に対する観察を強化しなければならない。一年たっても達成できない場合は、具体的な対策をとることになる。「社長が変わる」、つまり社長自身に意識や行動を変えてもらうか、「社長を替える」、つまり人物の交替、この二つのうちどちらかの道を選ぶことになる。

財務責任者に関しては、補強を考えたほうがよいケースが少なくない。

中堅企業の多くは、オーナー社長のもとで、その勘に頼った経営を行ってきた場合が多く、どうしても財務責任者の責務が軽くなるため、クリエイティブで戦略的な思考をもつ財務責任者は少ない。しかし、買収後は状況が一変する。

成長戦略に則った事業計画を作成し、適切なＫＰＩ（重要業績評価指標）を設定して、それらをもとに毎週、毎月、ＰＤＣＡ（計画・実行・評価・改善）を実践していくことになる。そこから浮かび上がる問題点に関して、財務責任者は経営陣や親会社に対して適切なアドバイスを行い、解決方法を提示していかなければならない。

このような能力を備えている財務責任者は少ない。とくに、オーナー企業を買収した場合は、財務責任者には基本的な財務管理以上の能力はないと考えたほうがいい。

ではどうすればよいか。まず、財務責任者としての責務を、買い手側が正確に伝えて実行してもらう。自分で進められない場合は、本社から指導を行う。場合によっては本社から子会社に財務担当者が出向して徹底的に現場教育を行う。それでもできなければ、早急に財務責任者を替える必要がある。

私がニューヨークのリバーサイドを訪れたとき、共同最高経営責任者のベラ・ジゲシー氏は、次のように話していた。

「会社を買収する際に、新しい財務責任者を設けるのはとてもよいやり方です。優れた財務責任者は、会社の戦略の手助けをする人物であって、とても貴重なのです」

ＫＰＩの設定の仕方と財務担当者の役割については、のちほど詳述したい。

戦略計画の策定とインテグレーターの役割

経営戦略に基づいたＭ＆Ａでは、買収した企業の将来あるべき姿がはっきりイメージされている。買い手側企業のマネジメントチームと子会社の経営陣は、そのイメージをビジョンや目標に置き換えて共有する必要がある。

一〇〇日プランの三つめの項目である「戦略計画の策定」とは、ひとことで言えばビジョンと目標の数値化ということだ。ビジョンや目標が明確でなければ、買収された企業の経営陣は、親会社が何を望んでいるのかがわからない。

「これまでどおりの経営を続けていけばよいのか？」

「どんな相乗効果を期待しているのか？」

「どれくらいの成長スピードが期待されているのか？」

「利益水準はどのくらいが求められているのか？」

そこで、次のようなものが必要になる。

・経営理念……………何のために働くのか
・行動指針……………どのように働けばよいのか
・年間目標……………今期はどれだけ業績を出すのか
・中期目標……………三年間でどこまで成長するのか
・インセンティブプラン……達成したときに得られるものは何か

これらが明文化、あるいは数値化されていれば、社員は会社から何を求められているのかを把握でき、それに向かって進むことができる。

「とりあえず頑張ってほしい！」などというあいまいな経営方針では、成長は期待できず、目標は達成できない。ところが残念ながら、私の実感では買収した子会社に対する方針が明らかでないケースが多い。

そのため、戦略計画の策定において、リバーサイドは「インテグレーター」を置くことを提案する。インテグレーターとは、買い手企業と売り手企業とを統合する役割を果たす人材のことである。その職責を果たすポストには、子会社となった売り手企業の社長や重役、あるいは買い手企業（親会社）から出向してきた担当部長で、両社を統合しようという目的意識をもち、その権限をもつ者がふさわしい。

言うまでもなく、権限を振り回し、命令するだけの人材は不適任だ。子会社の社員の心を掌握できる人物でなければならない。

第1章で紹介したように、リバーサイド・パートナーズの森時彦氏は社外役員という立場でインテグレーターの役割を担い、ファシリテーションの技術を使って新総企とマオスの社員の意識を変革させた。このように、統合のための手法や方法論をもっているかどうかも、人選のポイントといえるだろう。

リバーサイド・パートナーズの森氏は次のように語る。

「インテグレーターはさまざまなノウハウをとり入れることで現場の意識を変え、人材を育成していかなくてはなりません。社員の意識改革を行うツールが、ファシリテーションなどの方法論です」

現場の意識を変えるだけでなく、人材の育成もまたインテグレーターの役割だ。

「事業計画を立案する」

計画に「リズム感」をもたせる

一〇〇日プランの四つめは、「事業計画・月次事業計画の確認・見通し」である。これは、三つめにあげた「戦略計画の策定」とも密接に結びつく作業だ。

親会社は買収した会社に対する期待を、戦略計画の形で数値化する。戦略計画の策定のためには、現在の事業計画や月次事業計画がどのようになっているのかの確認が、まずは必要になってくる。そのうえで、あらためて中期や年間の戦略計画を月次の事業計画に落とし込んでいくという手順だ。

その際、リバーサイドでは、計画に「リズム感」をもたせることを意識している。

一年間の事業計画を立てるとしよう。その場合、たとえば最初の三カ月（九〇〜

一〇〇日）では、人事と組織についてしっかり議論する、と決める。次の三カ月は、会社の戦略について三年計画を策定する。次の三カ月には翌年の予算を詰めていく。そして最後の三カ月で全体の総括をする。

このように、三カ月（九〇～一〇〇日）の単位で大きなリズムをつくっていく。こうすることで、年間で「四つのリズム」ができる。

この場合、ひとつのステップの目的が完全には達成できなくても、半ば強制的に、次のステップに進むことになる。それは、学校の授業で、時間割が設定され、四五分間の授業に集中したらいったんその科目を終え、次の四五分間には別の科目に取り組むのと似ている。

リズム感で進行のイメージをつかんだら、ＫＰＩについて検討する。このＫＰＩについては、私自身の経験からも重要性を実感している。

ＫＰＩでプロセスを管理する

会社を経営していくときに、私はＫＰＩを最も重要視している。

以前は、事業計画を貸借対照表（ＢＳ）と損益計算書（ＰＬ）によって策定し、月次をPLで追いかけてPDCAを回すことがよく行われていた。しかし、この方法は、〝会社を知り尽くしている創業社長〟が自分の会社を経営する場合には効果的だが、買収した企業の成長戦略を実現するためのPMIでは有効でないことが多い。

当社の例で説明しよう。

たとえば、「年次計画での売上げ目標を二〇億円」とする。そうすると、4半期ごとに五億円を売り上げればよいことになる。では、第2クオーターが終わった九月の段階で一二億円の売上げがあったとすれば、これは評価されるだろうか。

半期一〇億円という予算に対して一二億円だから一二〇%の達成！

しかし、半期決算のために手持ちの商談をすべて前倒しで消化してしまい、九月末時点で商談がほとんどないとしたらどうだろう。

九月末売上げ……一二億円

九月末商談………一億円

これでは、一二月第3クオーター決算、三月年次決算を乗り切ることができない。

M&Aという仕事は時間がかかり、売り案件を見つけるのに三カ月、相手を探すマッチングに三カ月、商談をして成約するまでに三カ月かかる。上記のような状態では一二月末は絶望的、三月決算も年次予算二〇億円を達成するのは困難だ。

「売上げ」で経営をコントロールしていては、予算達成はおぼつかない。

では、何をもってＫＰＩとすればよいのか。

たとえば、「［売上げ＋商談÷２］の金額が年間予算をつねに上回っている」というＫＰＩをつくったらどうだろう。商談を２で割るのは成約率を五〇％と仮定したからだ。三つのケースで見てみよう。

〈ケース１〉

先の現状をこのＫＰＩに当てはめると、

九月末ＫＰＩ＝［売上げ一二億円＋商談一億円÷２］＝一二・五億円

これでは、商談を別途一五億円つくらなければ二〇億円の年間達成ができないことがわかる。

商談をつくるのに、案件開発三カ月、マッチング三カ月、合計六カ月かかるため、一二月、三月の業績達成はまったく不可能だ。

〈ケース２〉

九月末の現状が、売上げ一二億円、商談一二億円だと、

九月末KPI＝［売上げ一二億円＋商談一二億円÷2］＝一八億円

一〇月以降の経営方針としては、商談を四億円つくればよいということになる。

四億円の商談をつくるための案件開発活動、マッチング活動のアクションプランをつくれば年間予算を達成できることになる。

〈ケース3〉

九月末の現状が、売上げ一二億円、商談一六億円だと、

九月末のKPI＝［一二億円＋一六億円÷2］＝二〇億円

年間予算を達成できる目処がすでに立っている。

したがって、一〇月以降の経営方針としては、

①今期はトラックレコードを追求して圧倒的な上方修正にもち込む

②来期に備えて徹底した商談の仕込みを行い、来期ロケットスタートをきる

ということになる。

以上見ていただいたとおり、「KPIはプロセス管理」である。

財務諸表はすでに終わった過去の数字だ。そこから未来は読み取れないし、未来が読み取れなければ将来への手の打ち方も考えられない。

しかし、ＫＰＩで最終売上げに至るまでのプロセスを管理して完全に達成すれば、売上げは思惑通りの業績になる。打つ手やアクションプランも明確に打ち出すことができる。

Ｍ＆Ａ後は、親会社が買収した子会社を経営していかなければならない。その場合に、財務諸表でＰＤＣＡを行っていたのでは、すべての対策が後手に回ることになる。買収した企業を予定した成長戦略で成長させるためには、ＫＰＩで経営プロセスの管理を行っていくことが重要なのである。

買収後のＰＭＩでは、

・この企業の売上げや利益を決めている要素は何か？
・売上げがあがるまでのプロセスで重要なファクターは何か？

などを徹底的に検証して最適なＫＰＩを決める必要があるのだ。

以上のことを実現するためには、優秀な営業本部長や工場長、そして財務責任者（ＣＦＯ）が絶対に必要になる。

優秀な営業本部長、工場長やＣＦＯが協力して、現場に即した実用的で的確なＫＰ

Ｉを設定してプロセス管理を行い、その結果にもとづいて緻密な経営方針とアクションプランを決定してオペレーションしていかなくてはならないからだ。

創業オーナーが経営している企業を買収した場合は、オーナー社長は「現場に立てばすべてがわかる」という人なのでＫＰＩの必要性を感じておらず、ＣＦＯも単なる経理部長の役割しか果たしていないケースがほとんどだ。

このような場合は、本社から優秀なＣＦＯを派遣するか、ＣＦＯの入替えを行わなければならない。リバーサイド共同最高経営責任者のコール氏と話をしたとき、「約五〇％の企業で新たなＣＦＯが必要だった」と述べていたのが印象的だった。

全従業員とコミュニケーションをはかる

ディスクローズはやり直しがきかない

一〇〇日プランの五つめ、「全従業員とのコミュニケーション」は、企業が存続していくかぎり不断に続くテーマである。コミュニケーションに齟齬が生じたり、途切れたりすれば経営に支障をきたす。

M&A直後のコミュニケーション、すなわち買収の事実を知らせる「ディスクローズ（情報開示）」はひときわ重要だ。

社員は「会社が買収される」と聞いて、大きな不安を抱き屈辱感を覚える。その気持ちを払拭して、ポジティブな方向にもっていけるかどうかは、社員へのディスクローズのやり方によるところが大きい。

買収されたのは、買収されるだけの価値があるからで、その価値を買収側が評価するのだ。それを適切に伝える必要がある。

当社がM&Aをお手伝いしている地方のある電鉄会社は、多くの企業買収を行ってそのすべてを成功させているが、同社ではPMIのなかでもとくに社員へのディスクローズに気を配っている。

電鉄会社グループの会長兼社長は、買収した会社の全社員に向けて、必ず自分で「今後のビジョン」と「買収した理由」を明確に伝える。さらに、リストラはしないこと、計画的に処遇を改善していく予定であることなどを丁寧に説明する。

これらは、工場や交通機関など、オペレーションを行う社員が多い会社では、とくに大切なことだ。

工員や運転手という現場の仕事をしている社員に対しては、彼らの視線に合わせて、会社としての見通しや待遇を、きちんと説明をする必要がある。彼らは、社長と直属の上司以外の上役が何をやっているのかを、よく知らないことも多い。したがって、社長が自分の言葉で買収の目的を語り、今後の雇用方針を明らかにしていくことが大切だ。

社員へのディスクローズに関してもうひとつ大切な点は、「やり直しがきかない」ということだ。失敗して、社員がいったん不安や屈辱感を感じてしまうと、それらが自己増殖を始める。彼らは朝の会議や朝礼のあと、ランチタイムや仕事が終わってからの一杯飲み屋で、その話に終始する。

「会社はどうなるのだろう？」

「リストラはあるのかな？」

「東大卒の若い部長が来ると聞いた」

「経営内容が悪くて再生型のM&Aらしい」

そのスピードは速く、一気に社内はネガティブな雰囲気に覆われてしまう。

ポジティブな変化を積極的に伝える

Ｍ＆Ａをめぐって、周囲にさまざまな噂が立つこともある。

「あそこは経営が危ない」

「社長がもうすぐクビになるらしい」

さらに、こうした噂を、同業他社が悪意をもって流す場合もある。

リバーサイド・パートナーズの森氏も、買収した会社の社員へのディスクローズについては細心の注意を払うと言う。

「ディスクローズにおいては、私たちはこのような立場で、これからこういうことをあなた方と一緒にやっていこうとしていますと、きちんとコミュニケーションすることがとても重要です」

加えて、悪い噂については、「放っておけば、いつの間にか収まるので、心配はいりません」と説明する。森氏の経験からも、二、三カ月もたてば悪い噂を覚えている人はいなくなるという。「人の噂も七五日」である。

買収の事実を知らせたあとは、買収後の計画と見通しについて、具体的にアナウンスをする。

社員は、「M&Aによって何がどのように変わるのか」に大きな不安を抱いている。したがって、すべての変更事項を正しく知らせることが重要だ。

また、「変化」に関しては、ネガティブな変化だけでなく、ポジティブな変化も積極的に伝えるようにする。新しい成長戦略、新製品の発売、工場設備の更新、中堅社員の幹部への抜擢、目標達成したときのインセンティブプラン、顧客フォローの充実、新規従業員の採用計画などだ。

それによって、これから何を達成するのかを、社員に理解してもらうだけでなく、彼らのモチベーションをあげることも可能になる。

そして、新しい体制で再スタートを切るためには、スピード感をもって変更計画を実行し、「変更は終了した」と、早く報告できるようにしなければならない。

とくに計画の一部に、従業員の解雇、施設の閉鎖、製品製造の終了などが含まれているのなら、なるべく早く完了し、「これで終わった」と社員を安心させなくてはならない。

素早く終わらせなければ、社員は「いつまでリストラが続くのか？　次は自分の番だろうか？」と不安にさいなまれ、クリエイティブな仕事をしたり、買い手企業と良好なビジネスチームを組んだりする余裕がなくなってしまう。

お互いの企業文化を理解する

「全従業員とのコミュニケーション」は、企業文化の側面からも重要だ。

森氏は、「○○戦略という形で書き出せるものより、カルチャーのほうが重要かもしれません」とその重要性を強調する。

戦略に関しては、議論によって合意を得ることができる。いうなれば、理屈で理解できる「理性」の領域だ。

ところが、カルチャーは、企業の歴史や地域の文化だけでなく、社員の習慣や感情にもかかわってくる。いわば「感性」の領域だ。

感性の部分が大きいだけに、お互いが歩み寄ったとしても、共通の土台をつくり出すにはある程度の時間がかかるだけでなく、場合によっては困難なこともある。いったん、相手のカルチャーが「嫌い」となれば、それを「好き」に変えるのは、容易ではない。

そのため、企業文化については時間をかけてお互いの理解を深め、新しい共通の文化を創り出せるよう、企業文化の課題に対応する要素をPMI計画のなかに織り込むことが重要になる。

たとえば、譲渡企業の社員が買い手側の企業に出向し、相手の企業文化を学ぶことは、お互いにとってたいへん有意義なものになるだろう。逆に、買い手企業の中堅社員が譲渡企業に常駐して意見を交換するのも、文化の融合に役に立つ。

「コミュニケーションの流れはどのようになっているのか？」

「昼食は仲間と一緒に食べに行くのが普通か？」

「オフィスの行事にはどんなものがあるのか？」

こうした、社内の日常に密着した企業文化に直接触れ、情報収集を行う。

もちろん、「経営の意思決定」や「部門での決断」はどのような方法でなされているのかという、経営の根幹にかかわる情報を得ることも重要だ。たとえば、亡くなった創業者の夫人が圧倒的な権限をもっていたり、社長の妹が口をはさんだり、社長の友人の弁護士がアドバイスを行ったりするなど、外部からは想像もできないような非公式の意思決定ルートが存在することもあるからだ。

「ガバナンスの確認と引継ぎの終了」

現場で問題が発生しない仕組みをつくる

一〇〇日プランの六つめ「ガバナンス（企業統治）の確認」が重要であることについては、誰しも異論はないだろう。

「ガバナンスの確認」とは、具体的には「幹部のなかでコンプライアンス違反をしている人はいないか」「コンプライアンスの違反が起こらない仕組みはできているか」などを指す。

コンプライアンス違反の防止については、経営の透明性を増すために、社外取締役など外部役員の増員を訴える人がいるだろう。あるいは、ステークホルダー（利害関係者）に対する説明責任を徹底するために、情報開示体制の確立を考える人もいるだろう。

この点について、森氏は「ガバナンスとは、あらゆるレベルでPDCAが回っていること」と言う。

「会社をオペレーションする立場から考えると、たとえば、食品工場で現場の人が床に落とした食品を、そのまま拾って何事もなかったかのように作業工程に戻すことが日常的に行われていたとしたら、ガバナンスが効いていないということです。こうなると、社外役員など何の役にも立ちません」

つまり、社外役員を置くことで、コンプライアンスを強化することが最重要なのではなく、現場で問題が起こらない仕組みが構築されているかどうかが重要なのだと言う。そのために、つねに現場でPDCAの四つのサイクルを回し続ける仕組みをつくることの重要性を説く。

一〇〇日プランの最後、七つめは「前オーナーからの引継ぎ完了」である。

引継ぎの完了時期は会社によって違いが大きい。ここでいう引継ぎとは、書類上の手続きを意味しているが、たとえ法的な手続きが終わっていたとしても一〇〇日以内に解決しない問題が残る場合も、もちろんある。

前オーナーが会社に対する愛着から、一〇〇日を過ぎてもさまざまな理由をつけて手続きをしてくれないケースもあるかもしれない。立場上は何の権限もないのに頻繁に会社に顔を出し、あれこれ口出しすることもある。前社長に傾倒していた社員は創業者の顔色をうかがい、場合によっては新しい体制を批判するかもしれない。

そうならないためにも、デューデリジェンスのところで紹介したように、売り手企業のオーナーの心情を十分に理解し、早い時期から思いと価値観を共有することが重要だ。

新総企とマオスの一〇〇日プラン

以上がリバーサイドの「一〇〇日プラン」の七項目だ。この七項目を、前章で紹介した新総企とマオスのケースで振り返ってみよう。

リバーサイドが新総企を買収したあと、社外役員となった森氏がまっさきに取り組んだのは、「変革推進チーム」を編成してもらうことだった。チームが行った取組みは、一〇〇日プランの七項目で見ると、「3 戦略計画の策定」「4 事業計画・月次事業計画の確認・見通し」に該当する。

全社員で取り組んだ「ビジョンの策定」は「3 戦略計画の策定」、さらに「5 全従業員とのコミュニケーション」に該当するといえる。また、これらの取組みにより

「2 組織図・要員計画のアップデート」が行われたと考えていいだろう。

マオスを買収したあとに、森氏が取り組んだ「統合人事」は「7 前オーナーからの引継ぎ完了」であり、同時に「1 キーマンの採用」だった。このケースでは、新総企の前オーナーが会長に就き、マオスの社長が新総企の社長を兼任し、さらに新総企の財務責任者がマオスの財務責任者を兼任するという形でキーマンが採用された。

森氏が主導した「引継ぎイベント」は「3 戦略の計画策定」に当たり、サース型経営管理システムの導入は「4 事業計画・月次事業計画の確認・見通し」に対応する。そしてPDCAサイクルを回すという点で、これらは「6 ガバナンスの確認」を含んでいるといっていい。

こうして見ると、新総企とマオスで森氏の行った取組みは、ほとんどが一〇〇日プランに沿ったものであることがおわかりいただけると思う。

リバーサイドによれば、欧米の企業は買収直後の三カ月を非常に大切にするという。企業はそれぞれ独自の経営に対する考え方をもっているため、まずはその違いを投資先の社員に示すことが大切だと考える。そのうえで、最初の段階でビジョンや経営目標を明らかにする。

ところが日本では、どちらかというとその逆で、買収直後は社員が動揺しているからという理由で、「落ち着くまで」と待つケースが多い。その結果、変化が起こらずに、社員のなかで熱くなっていた気持ちが冷めていくことがある。それが、ＰＭＩの進捗を妨げることがある。

森氏は自身の経験を踏まえて、次のように話す。

「たしかに買収の直後だと、強引に押し切るような印象を与えることもあるかもしれません。しかし待ちすぎはよくない。せっかくの勢いが失われてしまいますから。組織が大きく変わるとき、人間のなかに活性化するものがあります。それを使わなければ、社員を動かすのは難しくなります。それが一〇〇日プランの考え方に入っているのです」

さらに、「一〇〇日プランの七項目は、すべて一〇〇日以内で完了しなくてはいけないというものではありません」と付け加える。

一〇〇日プランは無理に一〇〇日で終える必要はない。実際には一五〇日でも二〇〇日でも構わない。一〇〇日にこだわりすぎて、買い手企業のやり方を押しつけて売り手企業のこれまでの経営を否定するような印象を与えてはならない。

リバーサイドが強調するのは、はじめの一〇〇日をこれらの検討なしですませてはならない、ということだ。

そして何より重要なのは、七つの項目を着実に実行することだ。それにより事業が次のステージへと成長するだけではない。マネジメントチームと社員もまた、成長という仕事における最高の果実を手にすることができるのだから。

次の第4章からは、当社が仲介をした三つのM&Aの実例を紹介しながら、いかにPMIを実践するかを説明していきたい。

第4章

業界再編が進むなかで〈調剤薬局業界のケース〉

メディカルシステムネットワークと
トータル・メディカルサービス

「いままさに再編が始まった調剤薬局業界」

本格化する業界再編

いま日本国内ではさまざまな業界で勢力地図が変化しつつある。こうした「業界再編」が起こる背景には、以下のような環境の変化が考えられる。

第一は規制緩和によるものだ。政府は、産業の構造改革を進めて日本経済の活性化をはかる目的で規制緩和を進めている。これまで規制に守られてきた企業が厳しい競争にさらされることになり、生き残りをかけて再編が行われている。

銀行や保険、証券業界では規制の垣根が低くなった結果、巨大金融グループが次々と誕生した。小売業界では、大規模小売店舗法の改正や廃止で大型店の出店が容易になり、大規模な企業グループに集約されていった。かつて電電公社が独占していた通信事業に民間企業が多数参入した例も身近だ。

ほかにも、トラック運送や航空輸送業界、郵便事業、労働者派遣事業、それに農業など、私たちの身の回りで規制緩和による業界再編が次々と進んでいる。

第二の環境の変化は、市場規模の縮小や成長率の鈍化である。

たとえば小売業界では一九九〇年代以降、百貨店の市場規模が縮小の一途をたどるなか、合従連衡《がっしょうれんこう》が進み、地方では廃業する例も多い。

卸売業界も再編が急だ。かつてはメーカーと小売店の間で流通を担う卸売業の存在価値があった。しかし、いまや大規模量販店がメーカーと直接取引をするなど、中抜きが顕著になっている。

外食産業は、一部のファストフードが成長しているものの、全体としてはマイナス成長で、低価格路線や高級路線などを模索したあげく、顧客をつかめなかったチェーン店が買収されてその名前が消えることも珍しくない。

そして第三に、技術革新などによる利益率の低下があげられる。

代表的な業界が、経済成長の立役者であった製造業だ。電機業界では、著名なブランドが同業大手に買収されるなどドラスティックな変化が起きている。特徴のある製品を市場に投入できない会社では、コモディティ化した商品が安売り合戦にさらされ、その結果、大手であっても他社の傘下に入るケースもある。

こうした一方で、新たに拡大する市場も生まれている。人口の増えている高齢者を対象にした介護福祉業界、成長が著しいＩＴ産業、少子化が進むなかでも一定の需要が見込める受験産業などでは、資本力のある異業種企業や外資の参入で、活発な再編が行われている。

本章では、業界再編の流れのなかで行われたＭ＆Ａの代表的なケースのひとつとして、当社が成約をサポートした調剤薬局の事例をご紹介したい。

じつはいま、調剤薬局業界ではＭ＆Ａによる業界再編が急ピッチで進んでいる。当社は二〇一三年に、調剤薬局業界に特化したＭ＆Ａプロジェクトチームを立ち上げたのだが、その後わずか一年半の間に一〇件のＭ＆Ａを仲介し、成約を果たした。

とくに最近は、地域で中堅クラスの調剤薬局（年商三〇億～五〇億円）が、全国展開している大手への事業譲渡に動き始めたことが大きな特徴だ。

中小薬局の抱える悩み

まずは調剤薬局業界の仕組みを解説しよう。

調剤報酬（薬価と技術料）は厚生労働省によって定められている。患者は医療機関が発行した処方箋を持って行けば、どこの調剤薬局でも同じ薬が得られ、どこでも同じ金額を支払う。そうした安定した業界で、なぜいま再編が進んでいるのか。

厚生労働省によると、二〇一二年度の調剤医療費は金額ベースで約六兆六〇〇〇億円、対前年比一・二％という伸び率は過去五年で最低の数値だった。調剤の件数や処方単価の伸びも鈍化している。超高齢化社会の進行に伴って総医療費は増加し続けているが、政府がジェネリック医薬品（後発医薬品）の導入を積極的にうながすなど、医療費抑制に向けた動きが加速しているからだ。

こうした情勢のなかで、中小薬局と大手薬局では薬価の利益率で差が広がりつつある。なぜ、このようなことが起きるかというと、薬の仕入れ原価に違いが出てくるからだ。調剤薬局では薬剤料収入から薬剤の原価を支払うが、大量に仕入れるほうが仕入れ値が安くなる。そのため、仕入れのロットが大きい大手薬局のほうが薬価との差益が大きく、利益率も高くなる。

中小薬局の競争相手は大手だけではない。調剤を扱うドラッグストアの増加や在宅対応、二四時間の対応、災害時の迅速な対応が求められるなど、さまざまに経営環境が変化しており、それに対する中小薬局のオーナーの危機感は強い。

また、帝国データバンクが売上高三億円以上の調剤薬局約一二〇〇社を対象に分析したデータによると、二〇一一年で調剤薬局運営会社の社長の年齢は、全体の半数が六五歳以上であり、最も多いのは六六歳だった。

このように中小の薬局は、経営環境の変化、経営者の高齢化に悩まされており、そこに業界大手が積極的なＭ＆Ａ戦略を仕掛けているのだ。

薬剤師の確保という面からも、中小薬局は厳しい状況に置かれている。

従来、薬剤師の不足が指摘されていたが、それでも薬剤師の国家試験合格者は毎年九〇〇〇人前後の水準で推移していた。ところが四年制だった薬学部の六年制化に伴い、二〇一〇年から二〇一一年の二年間にわたり、新卒者がいない空白期間が生じた。このため、合格者が極端に落ち込んだ。さらに近年薬剤師試験の合格率低下もあって、薬剤師の確保が難しくなってきた。その結果として薬剤師の賃金は高止まりし、体力のない中小の調剤薬局の経営を圧迫する要因となっている。

その一方で、大手の調剤薬局チェーンはグループ化で経営の基礎体力を強化して事業基盤をどんどん強めている。

中小薬局が自らＭ＆Ａに動く

なぜ大手は自前で薬局を新たに開設せずにM&A戦略をとるのか。それは利用者の購買パターンによるところが大きい。

既存の薬局の多くは、医療機関の近くに店舗を構える「門前薬局」であり、患者の多くは受診する医療機関ごとにその近くにある薬局を利用する。新規に薬局を開設しようとしても、既存店より医療機関にさらに近い場所を確保するのは困難だ。最寄りの薬局を利用するという患者の行動パターンが今後も変わらないかぎり、新たに薬局を開設するより、既存薬局をM&Aでグループ化するほうが効率的だ。

業界第一位の大手チェーンがかかえる店舗は、二〇〇八年度の三七八店から二〇一四年度には七四一店と、わずか六年間で二倍に増加している。これはまさしく企業買収の結果であり、他の大手も競ってM&Aを進めている。

それでも業界専門誌「ドラッグマガジン」の調べでは、調剤薬局業界上位六社のシェアは合計で九・四%にとどまっている（二〇一四年）。調剤薬局業界市場は七兆円とされ、ドラッグストア業界市場は六兆円でほぼ拮抗している。そのドラッグストア業界の上位六社によるシェアは合わせて四〇・四%であるのに比較して、いかに調剤業界が細分化されたままであるかがわかる。

調剤薬局業界においてはもともと、個人の薬剤師が開設した薬局が店舗の多くを占めていた。矢野経済研究所がまとめた二〇一二年のデータによれば、薬局の数が一店舗だけという個人薬局が調剤薬局数全体の七三・八％と、四分の三を占めている。大半は個人薬局であり、これから業界再編が大いに加速することは明らかだ。

中小薬局オーナーの考え方にも変化が見られる。

当社が直近で成約に携わった譲渡企業は八件続けて業績が非常によく、後継者として経営者の子息や親族が存在していた。この例が示しているのは何か。

それは、中小薬局のオーナーが業界の先行きを見ながら、自ら大手への譲渡に動いているということだ。その背景には、薬剤師に対する教育制度や経営システムなどにおける大手と中小の格差がある。

このような状況のなかで当社が仲介した事例として、札幌市に本社を置く株式会社メディカルシステムネットワーク（以下、メディシス）が、九州で調剤薬局チェーンを展開する株式会社トータル・メディカルサービス（以下、トータルメディカル）を買収したケースを紹介しよう。

北海道と九州の薬局グループの統合

北海道で創業し全国展開へ

メディシスは、一九九九年に北海道で創業された。創業のメンバーは、医薬品の卸会社、調剤薬局チェーン、それに調剤薬局向け事務処理システム開発会社の三社の代表である。三人は「医薬品の流通過程を合理化しなければならない」という認識のもと、卸売り、小売り、OA処理というそれぞれの専門知識を組み合わせることで、これまでにない業態を目指した。社長には、卸会社出身の田尻稲雄氏が就いた。

同社がはじめに取り組んだのは、調剤薬局の医薬品発注を通信ネットワークで結びつけるビジネスモデルの構築だった。メディシスのグループに加入した各薬局からのオンライン発注を取りまとめ、医薬品の卸会社にオーダーするというものだ。これに対する支払いもメディシスが一括して処理することで、卸会社側にメリットが生まれる。その見返りに、仕入れ価格を抑えてもらうという仕組みだ。

これによって小規模の調剤薬局でも、必要な医薬品を必要なだけ注文することが可能になり、その結果、在庫管理の精度も向上した。

さらに、薬局によってはどうしても残ってしまう不動在庫をメディシスの子会社やネットワーク加盟店でマッチングし、必要とする薬局に手配できるようにした。これによって、薬剤の廃棄ロスを効率的に減らすことが可能になった。

調剤薬局に対する資金調達のサポートにも乗り出した。調剤薬局に対する社会保険や国民健康保険からの入金は二カ月後が原則だが、それをメディシスが調剤報酬債権を買い取ることで薬局に支払い、入金を一カ月以上短縮できる仕組みを構築したのである。こうして、ネットワーク加盟店の経営を資金面でも支援する仕組みを整え、グループの一体感を強化していった。

薬剤師の教育にも力を入れている。

札幌市に開設した大規模な研修施設では、公益財団法人の日本薬剤師研修センターが定める「認定薬剤師」を認定する資格を得て、インターネットを利用した講座も開いている。認定薬剤師は国家資格ではなく、認定がなくても薬剤師業務で不利益を受けることはないが、認定を得ることで、エキスパートとしての対外的な証明となり、資格手当を支給する薬局や病院も出てきている。

メディカルシステムネットワークの会社概要

会社名	株式会社メディカルシステムネットワーク
本社所在地	北海道札幌市中央区
代表者	田尻稲雄
設立年	1999年9月
事業内容	医薬品等ネットワーク事業／調剤薬局事業／賃貸・設備関連事業／給食事業／治験施設支援事業
資本金	10億9100万円
売上高	661億8100万円
従業員数	2123人

＊2014年9月末現在（売上高は2014年3月末）

この教育研修制度は、新卒の薬剤師を募集する際に大きなアピールポイントになっている。中小の薬局では研修などの機会が得にくいためだ。

そのほかにも、メディシスでは医薬品関連のデータ解析・書籍出版を行う研究所をはじめ、治験施設支援事業会社、給食事業会社など、単なる調剤薬局チェーンにとどまらない展開を行っている。

二〇〇二年にナスダック市場に上場し、二〇〇八年に東証二部、二〇一〇年には東証一部上場も果たした。北海道から九州まで、薬局チェーン一〇社を次々と傘下に収め、三五〇店舗の調剤薬局チェーンとして全国第六位の売上げ規模となっている。

オーナーの健康不安から始まったM&A

一方のトータルメディカルは、九州北部で三五店舗の調剤薬局を展開するほか、病院や福祉施設など一八カ所で給食事業を行い、年間の売上げは一一〇億円を超えるジャスダック上場企業だ。

現社長の大野繁樹氏が同社に入社したとき、社員はわずか三人だった。それが、いまでは七〇〇人近い従業員を擁する、九州で業界トップクラスの会社に成長した。

同社の成長を支えたのは大野氏の医療経験だった。大野氏は薬剤師など医療関係の資格はもっていないが、民間の病院に事務職として勤めた経験から、医療者側が必要とする情報や薬局の対応を理解していた。

そのひとつが薬局の二四時間対応だ。大型の救急病院をはじめとして、地域の医院でも二四時間対応をうたうところが出てきており、そうした救急医療機関に向けて、特定の薬局でいつでも処方箋を受けつけられる体制を整備したのだ。

こうした医療者側と患者側の双方に寄り添いながら地域医療の充実に取り組む姿勢が支持され、トータルメディカルは成長してきた。

順風満帆に思われたが、社長の大野氏に大きな転機が待ち受けていた。ガンを患い二〇一一年に手術を受けたのだ。

「長くは現役を続けられないかもしれない」

そんな不安が脳裏をかすめた。幸いその後の経過は順調で健康を取り戻したが、「これから自分に万一のことがあった場合、会社はどうなるか」と考え始めた。

大野氏は株式の過半数を保有する事実上のオーナーだったが、二人の息子は別の道を歩んでいる。そこで当社にコンタクトをとり、事業売却の道を選ぶことになった。

当社は、トータルメディカルにメディシスを紹介した。メディシスは北海道を発祥として、東日本から西日本へとM&Aを展開してきたが、九州は手薄だった。そのパズルのピースに、トータルメディカルがぴたりはまると感じられたからだ。両社の社風が似ていたこともその理由だった。

M&Aの経験を豊富にもつメディシスは、十分な準備を踏まえて大野氏とのトップ面談（ファーストビジット）を行った。二回目の面談では、実際に現場を見ながら意見を交わすところまで進んだ。

メディシスの田尻氏は大野氏の印象を、次のように語っている。

「最初にお会いしたとき、上手に人事をやっていると感じました。成果をあげた者に対してきちんと報いている。薬局の現場では、薬剤師の方々がじつにのびのびと働いていて、人をとても大事にしている会社だという印象を受けました」

一方の大野氏は社内報で、メディシスについて次のように述べている。

「非常に風通しのよい会社だと感じました。働くみんなが和気あいあいとしている」

当社は、双方の強みを活かせるM＆Aを提案できると確信した。では、具体的にどのようなシナジーを生むことができたのかを説明しよう。

在宅の薬剤管理事業のノウハウ

メディシスが先進的に進めていた取組みとしては、在宅の訪問薬剤管理事業がある。事業をスタートさせた一五年前は全国的にも珍しい存在だった。そのきっかけについて田尻氏はこう語っている。

「ホスピス（終末期ケアを行う施設）を運営している病院と共同で事業を行うことになり、私どもが調剤を担当したのです」

高齢化社会が進むなか、終末期の医療はより重要性を増していく。田尻氏はそこ

トータル・メディカルサービスの会社概要

会社名	株式会社トータル・メディカルサービス
本社所在地	福岡県糟屋郡新宮町
代表者	大野繁樹
設立年	1990年4月
事業内容	調剤薬局事業／メディカルサポート事業
資本金	2億8166万円
売上高	113億円
店舗数	40店舗
従業員数	683人

＊売上高は2012年実績、店舗数は2014年1月現在、従業員数は2014年7月現在

に着目した。事業としては手探りの段階で、採算がとれる状態ではなかったが、医師、看護師、薬剤師の三者でチーム医療を組んでスタートしたので、途中でやめるわけにはいかなかった。

当初の活動はホスピスを中心としていたが、患者が増えるに伴って、在宅でのケアも重要になってきた。これに対応するため、メディシスは在宅の訪問薬剤管理事業を専門に扱う薬局もスタートさせた。

それまでは薬剤管理を大規模な薬局に担当させて、訪問薬剤管理事業の赤字を補填する形をとっていたが、専門の薬局をつくることで、新たな分野の拡大にもつながり、終末期に差しかかった患者に対して、どの

ようなサービスを提供できるかのノウハウが得られた。

ところで、医師の場合は患者の相談を受けることで診療報酬が得られるが、薬剤師の場合はそれがないため、親身になって患者の話を聞くほど業務の効率が低下する。かといって、十分に話を聞かずには患者の状態を知ることができず、薬の効果を医師に伝えて処方を相談するというチーム医療は成り立たない。

そもそも医薬分業の制度がスタートした趣旨のひとつは、一人の患者が複数の医療機関から処方箋をもらった場合に、一カ所の薬局で調剤すれば、薬剤の飲み合わせに問題がないかどうかをチェックできるという点にあった。

内科や整形外科、耳鼻科など複数のクリニックで、症状に合わせて薬を処方してもらう人も多く、その現場では笑い話かと思うようなことも実際にある。

「便秘だということで下剤を処方され、それで下痢になったので、今度は下痢止めが出て、両方が処方されていたとか、そうした話がたくさんあるのです。そこで『処方された薬をやめて、少し様子を見ましょう』となることがあります」（田尻氏）

終末期ケアをはじめとする在宅医療の各種ノウハウを蓄積できている薬局は、全国的に見てもまだまだ少なく、トータルメディカルが学ぶ点は多い。

九州に店舗ドミナントが形成された

さらにメディシスには、先にも触れた充実した教育研修部門がある。同社は「北海道医薬総合研究所」という、薬剤師に対する教育と研究、出版まで行う機関をもっている。札幌市の中心部から車で一時間足らずの場所に専用の大規模な研修施設を保有し、そこで薬剤師に対する教育研修を行っている。

「こういう形で、独自に教育機関をもつのは、売上げ三〇〇億円以上の企業でなければ難しいと思います」（田尻氏）

大学を新規に卒業した薬剤師を確保するとき、いちばんのポイントとなるのは採用後の研修だという。製薬業界では新製品の開発競争が激しく、新しい薬が次々と発売されるが、中小の薬局では研修などの機会が得にくく、新しい薬剤の情報についていけない薬剤師が多くなる。そこで大学側も自校の学生を、十分な教育を受けながらキャリアを積み上げられる会社に絞り込んで推薦する。

メディシスは、薬局での調剤業務に関するガイドブックや、在宅の訪問薬剤管理事業に関する専門書なども数多く出版しており、実際にどんな社内教育をしているのか、その仕組みが外に見える形になっている点で新卒採用面で有利だ。

給料の面だけで見れば、メディシスが他社よりきわだって高いわけではない。調剤報酬は国の制度で決まっているため、給与面では大きな差がつきにくい。そうなると、薬局への就職を目指す学生たちが注目するのは、入社後の研修の充実度となる。

「研修の質の高さ、圧倒的な回数を含め、全国でいちばん熱心に取り組んでいると思います」

田尻氏はこう自負する。実際、メディシスでこの数年、新入社員として入社後に辞めたのは一人だけだった。その一人も、病院の病棟管理業務を目指すという新しい目標をもって退社している。

トータルメディカルの大野氏も、メディシスとの統合に関して社内報で次のように書いている。

「注目したのは教育システムでした。当社より圧倒的に進んだシステムで、ぜひ活用させてもらって社員のスキルアップをはかりたいと思いました」

メディシスは、社員のキャリアアップにも配慮している。

小規模な薬局では、薬局の店長である薬局長になれば、あとは社長になるしかステップアップの道はない。その点、全国規模で事業を展開するメディシスでは早い人では六年ほどで薬局長を任され、そこで現場一筋という道もあるが、エリアマネジメントを担当するブロック長というポストも用意されている。さらに地域別の会社の事業部長、地域の会社の役員がある。その上の親会社で経営を担当する道もある。

トータルメディカルの大野氏は、訪問薬剤管理や充実した社内教育のシステム、社員の処遇など、自社にはない特徴がメディシスにあることを統合のメリットとして考えた。

一方、メディシスの田尻氏も、トータルメディカルとの統合メリットを高く評価している。

北海道で創業したメディシスの九州における店舗数は、トータルメディカルとの統合前はわずか五店舗だった。そのため、九州地域で薬剤師の採用や人員の配置を行う際にはどうしても無駄が出ていた。それが、九州に地盤をもつトータルメディカルとの統合により一気に三五店舗のドミナント（地域集中出店）が形成された。

そのために、薬剤師の採用が有利になり、人員配置も効率的に行えるようになった。店舗開発や二四時間対応に関する情報が格段に多くなったことも、統合によるシナジーだ。

以下、メディシスの側からＰＭＩまでの流れを見ていこう。

事業統括本部がＰＭＩを推進

ＰＭＩの専門チームを編成する

メディシスは、調剤薬局事業を行う株式会社ファーマホールディングのもと、各地域の調剤薬局を運営する会社（一〇社）を、いずれも一〇〇％子会社として保有している。そのファーマホールディングに設けられた事業統括本部が、Ｍ＆ＡとＰＭＩを担当している。

事業統括本部では、Ｍ＆Ａの実施において、売り手企業の運営や店舗の実態などを細かくヒアリングしながら買収監査（デューデリジェンス）も行う。

今回のトータルメディカルの場合は、売上げが一一〇億円を超える企業規模で、二〇一〇年にはジャスダック市場に上場を果たしていた。会社の規模も大きく、人事制度も整っていたため、基本的には現状を尊重したうえで、共通のプラットフォームにするべきところだけを合わせるという方針を打ち出し、M＆Aにゴーサインが出された。

こうしてメディシスではじめてとなるTOB（株式公開買付け）によるM＆Aが行われた。

二〇一三年九月に対外公表され、公開買付け価格は三二〇〇円で、公表日前日の終値に対して二〇五％のプレミアム率となった。これは日本の公開買付けの事例のなかでは、グループ再編を除き、二〇〇六年以降で最高のプレミアム率だ。社会的にもこのM＆Aが好感をもって受け入れられた証といえるだろう。

九月から一一月までの実質二カ月足らずで行われた公開買付けにはトータルメディカル株の約九九％について応募があり、この結果、二〇一四年二月にトータルメディカルはファーマホールディングの完全子会社となった。

M＆Aの成立を受けて、事業統括本部ではPMIのために複数のチームを編成し、具体的な統合作業に移行した。

ひとつは財務経理チームである。トータルメディカルは上場会社であり、大きな問題点はなかったが、メディシスと会計基準の異なる部分があるため、その修正が必要だった。

次に薬局の実務に関するチームを編成した。

現場における実務面では、メディシス側の基準で見ると、少し足りない部分があった。たとえば服薬指導をしたあとに残す履歴の内容に改善の余地があった。またメディシスでは、地域を統括するブロック長という制度を設けているが、トータルメディカルにはそれに該当する制度がなかったため、同様の制度をつくって店舗の運営を細かく見ていくことにした。

さらに仕入れの一本化を行った。これはM＆Aによる規模拡大の効果としてあげられる点だが、メディシスの仕入れに統合することで仕入れ価格が少し下がった。

人事と総務のチームでは、人事制度や就業規則のベースを合わせる作業を行った。

最後にシステムに関するチームである。

トータルメディカルには、処方箋の枚数や単価、報酬の内訳など、営業成績を日次で報告する仕組みがなかった。九州だけの展開であり、そこまで厳密な処理は必要なかったためだが、全国組織の一部となった以上、仕入れ業務などに関連して毎日、成績を報告する必要が生まれた。

これは実施している会社にとっては簡単なことのようでも、新しく要求された側には戸惑いが出る場合もある。ＰＭＩを担当したメディシス常務の田中義寛氏には、こうしたケースで過去にトラブルとなった経験がある。

「七年ほど前、まだＰＭＩの部門を設けていなかったころ、買収した子会社の本部社員に概要を説明したあとは、報告業務について任せきりにしたことがあります」

これに対し、子会社の店舗スタッフから「どうしたらいいのか、わからない」という声があがってきた。その経験に基づいて事業統括本部を設置したのである。その後は、「基本的には、現場に赴きフェイス・トゥ・フェイスで顔を突き合わせてやることにしている」という。

トータルメディカルのケースでは、システムの担当チームがすべての店舗を巡回して説明を行った。

こうしたＰＭＩにかかわる基本作業は、四カ月間ですべてを終えることができた。ファーストビジットからＰＭＩに至る流れが非常にスムーズに進行したケースだ。

全国一〇〇〇店舗以上を統合

ここで、メディシスのM＆A戦略による事業の展開と運営について見てみたい。

メディシス・グループは全体で従業員二〇〇〇人超を抱えるが、メディシス本社の従業員は五〇人余りで、グループのネットワークを管理運営し、さらにグループの将来的な方向性を決定する役割を担っている。

傘下には、調剤薬局の持ち株会社である株式会社ファーマホールディング、調剤システム等の開発・販売会社である株式会社システム・フォー、医薬品関連データの解析と書籍出版事業を担う株式会社北海道医薬総合研究所、医薬品流通の効率化を担う株式会社H＆M、賃貸・設備関連事業を担う株式会社日本レーベン、そして治験施設支援事業の株式会社エスエムオーメディシスの六社を置いている。

各社の事業内容を見ると、メディシスが調剤事業を中心に医薬品に関連した事業を多面的に展開していることがわかる。

先述のとおり、メディシスは北海道で設立され、他の地域についてはM＆Aによって各地の薬局を買収して規模を拡充してきた。ここでは、そのいくつかの事例を簡単

メディカルシステムネットワーク・グループ

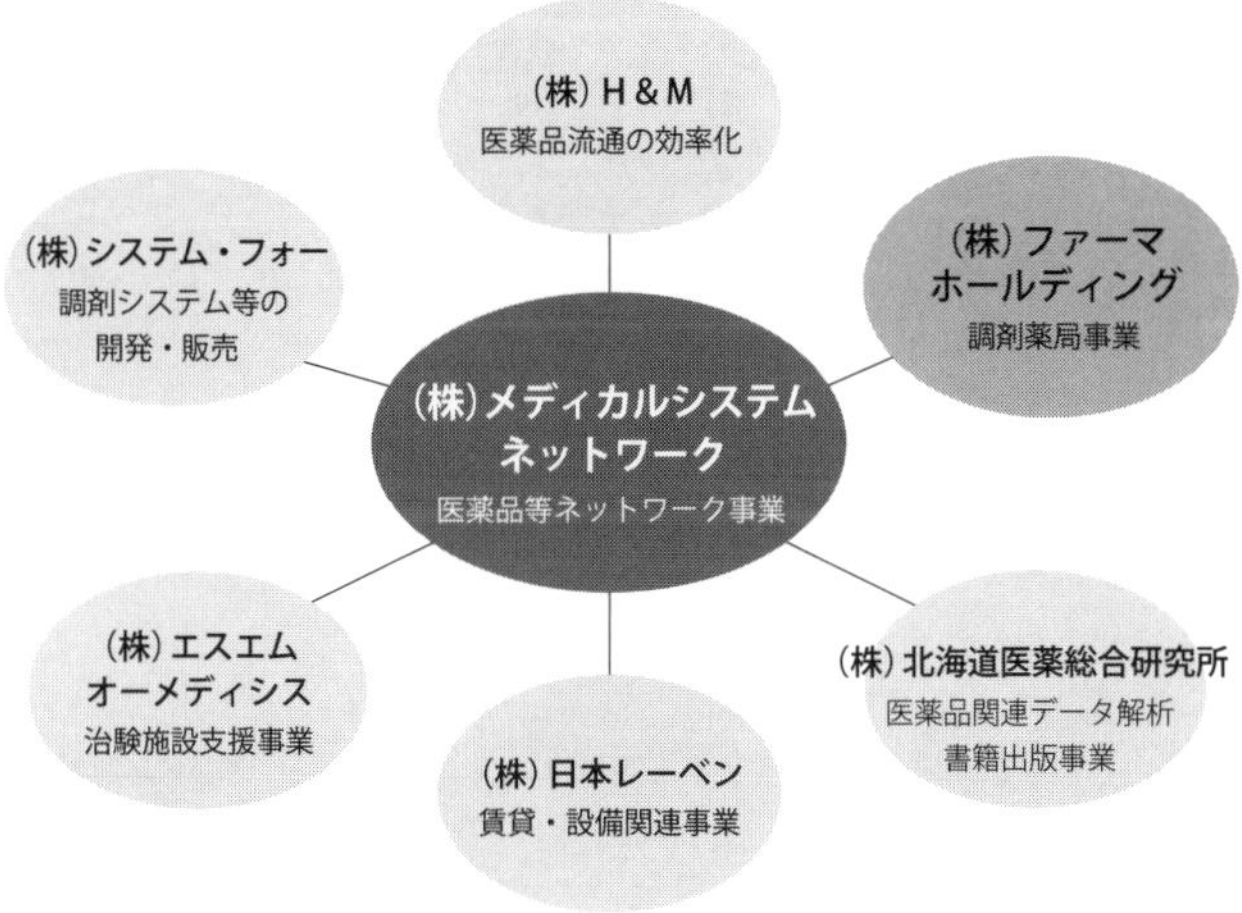

に見ておこう。

三重県松阪市の株式会社シー・アール・メディカルは二〇〇六年当時、三重県内に「なの花薬局」を一〇店舗展開する、従業員六一人、売上高九億二五〇〇万円の地場薬局チェーンだった。オーナーには事業をさらに発展させたいという意欲があったが、薬剤師の確保が年々困難になり、また店舗を増やすにも個人保証はもはや限界という状態になっていた。

こうしたなか、二〇〇七年にメディシスによるM&Aが実施され、会社はメディシスの東海・北陸エリアの中核会社として存続し、前オーナーも代表権のある社長として続投することになった。メディシスは資金調達や薬剤師の人材確保をグループとしてバックアップした。その結果、現在では三重県以外にも愛知、岐阜、福井、石川、静岡の各県に店舗展開し、従業員は一三四人、売上げは三一億六六〇〇万円と大幅に伸びている。

二〇〇九年には、広島県三原市で「関西薬品」一二店舗を展開していた関西薬品株式会社をM＆Aで譲り受けた。オーナーの悩みは、業績の先行きが不安なことだった。そこで後継者の息子をはじめ、従業員の処遇と雇用の確保が守られる会社に事業譲渡したいと考えていた。

メディシスでは、ファーマホールディングの完全子会社で、近畿エリア中核会社の共栄ファーマシー株式会社がすべての事業を譲り受け、前オーナーの子息は共栄ファーマシーの役員に、オーナーには顧問に就任してもらった。

こうしてオーナーの希望は叶えられ、メディシスも広島地区に進出の足がかりを築くことができた。

続いて二〇一二年には、群馬県富岡市の株式会社富岡調剤薬局を傘下に加えた。同社は群馬県内を中心に「富岡調剤薬局」六店舗を展開し、従業員は四〇人、売上げは一〇億五三〇〇万円の地場調剤薬局だった。還暦を迎えたオーナーは、子どもたちが

ファーマホールディング傘下の調剤薬局

でいた。

歯科医など別の道を歩んでいることから後継者不在に悩み、薬剤師の確保にも苦しんでいた。

そこでメディシスによるM&Aが行われ、メディシスの関東・甲信越・東北エリアの中核会社である株式会社サンメディックに統合された。オーナーは「肩の荷が下りた」とハッピーリタイアされ、不足していた薬剤師はメディシス側から補充された。

さらに、従業員に対してはメディシスの研修制度で最新の情報提供を行い、離職者ゼロで買い手、売り手とも満足のいく結果となった。

このようにメディシス傘下の会社は、北海道から九州まで、全国に店舗を展開している。

地域別に見ると、発祥の地である北海道エリアの調剤薬局が一一一店舗で最も多く、次いで関東・甲信越エリアの七〇店舗、近畿エリアの五二店舗など、三三六店舗に達している（二〇一四年一二月現在）。これに、メディシスの医薬品ネットワークに加盟している薬局も加えると、全国で一〇〇〇店舗以上のグループとなる。

企業文化を統合する仕掛け

幕藩体制──ゆるやかな統合

メディシスでは、先述のとおり地域のグループ各社がM&Aを実施するというスタイルをとっているが、その理由は、首都圏と地方、都市部と郡部とでは地価や物価、人件費が異なるからだ。地域各社でM&Aを行えば、それぞれの地域に応じた勤務体系や賃金体系を適用できる。

こうして同社では、加盟する薬局の規模や収益率などの違いを前提としながら、統合のメリットを追求している。

傘下の各社トップは、二カ月から三カ月ごとに札幌に集まって社長会を開き、重要事項について協議する。そのほか、全国約三〇カ所の拠点に専用の回線を引き、随時テレビ会議を開いて情報の共有をはかっている。

薬局の具体的なマネジメントについては、五店舗から七店舗に一人の割合で、ブロック長を設けており、そのブロック長が各社ごとに集まって事業推進会議を開き、業績や調剤過誤対策、薬剤師の教育研修などについて報告し、協議する。これを受ける形で、ファーマホールディングの事業統括本部と、傘下各社の事業本部とで定例の会議をもち、グループ全体の意思統一をはかっている。

医薬品の物流はメディシスが中核となって管理を行い、具体的な店舗運営については地域の事情に応じて各社が対処するという体制をとっているのだ。

このようなネットワークは、幕府が全国を統一しながらも、諸藩が独自に藩政を行っていた江戸時代の「幕藩体制」にたとえられる。

こうした比較的ゆるやかなネットワークこそ、M＆Aで急速に規模を拡大した業態にはふさわしいといえるだろう。

全店舗対象のコンテストで一体感を醸成

メディシスでは、全国の薬局がグループとしての一体感を醸成できるよう、各種のコンテストを行って優秀な店舗や人材を表彰している。これらは、買収した企業のＰＭＩの一環として、従業員の意識や文化の統合の面でおおいに効果を発揮している。

そのひとつに「プレアボイド・コンテスト」がある。

プレアボイドとは「事前に防止する」という意味だ。医師が処方した薬を薬剤師が調剤して提供する際、患者が別の薬も服用していると、処方どおりでは薬の効き目が強くなりすぎたり副作用が出たりするなど、飲み合わせが悪いケースがある。こうした場合は、薬の内容を変えて調剤の事故を未然に防ぐ必要がある。これがプレアボイドであり、薬剤師の大切な業務のひとつだ。

メディシスはこうした事例を収集し、グループ全体で共有するようにしている。二〇〇九年から始まった、このプレアボイド・コンテストでは、一年間に集まった事例のなかから、これまで気づかれていなかったケースや、いち早く報告されたケースなど、優秀な事例を表彰する。

二〇一三年には一二〇〇店舗から二三〇〇件の事例が報告された。内訳は、同じ効能の薬が重複して処方されたケースが全体の二八%を占め、次いで処方の記載の誤りが二〇%、投与量が適当でなかったケースが一四%、副作用の発見および事前の防止が一二%、病態にふさわしくない処方が七%などとなっている。こうしてみると、薬剤師のチェックによって問題が数多く発見されているのがわかる。

これらのなかから大賞に選ばれたのは、高齢の認知症患者に対する服薬指導が成果をあげた事例だった。

この患者は高血圧で医師から降圧剤を処方されたが、一カ月たっても改善がみられないため、薬局は医師から「何かいい方法はないだろうか」と相談を受けた。そこで担当の薬剤師は、毎日の薬を個別にセットできる「お薬カレンダー」を患者に購入してもらい、家族の協力も得て服用をチェックする体制を整えた。

その結果、二週間後に正常の血圧に戻ったというケースである。この事例では、薬剤師が、医師、患者、家族と信頼関係を築くことによって適切な対応をとったことが高く評価された。

このほか、耳鼻科の医師から妊婦に対して処方された薬を産婦人科医に問い合わせたところ、処方不可という指示を得て安全な薬剤が提供できたケース、医師からは高齢のためと説明されていた口内炎について、薬剤の副作用の可能性を発見して再発を防止したケース、高齢患者の腎機能を推定して適切な薬剤の投与量を提案したケースなどが表彰された。いずれも積極的に薬剤師が薬物療法に関与したことで、状態や問題が改善したものだった。

「調剤過誤については、ミスしたことを注意するだけでは、なかなか改善に結びつかない。医師のミスも含め、過誤を未然に防止するような取組みこそ大切です」

田尻氏は、これが薬剤師としての本来業務であることを強調する。だからこそ、こうした重要な情報がグループ全体で共有されることで、グループとしての一体感が強まるのである。

融和をはかるためのイベント

事務スタッフを対象としては、「アメニティ・コンテスト」を実施している。これは店舗に関して、患者に待ち時間を快適に過ごしてもらうための「空間づくり」を表彰するものだ。各店舗では意匠を凝らした飾りつけを行い、それを撮影して本部に送る。これをグループ各社の社長や担当者が審査して表彰する。

二〇一三年は、季節ごとの店内装飾、掲示板を使った情報発信、フリードリンクの提供、塗り絵やクイズの企画など、一八店の企画が「優秀賞」にエントリーされた。このなかから「大賞」に選ばれたのは北海道小樽市の薬局だった。

小樽では、毎年二月に「雪あかりの路」という祭りが開催されている。その薬局ではこの祭りに合わせて、患者から提供された生花を中に入れて凍らせたスノーキャンドルや、雪でつくったオブジェなどで店舗の前を飾った。灯りが少ない通りに置いたキャンドルが患者や地域の住民の目をひき、「きれいですね」と声をかけられることがきっかけとなって、コミュニケーションをとる機会が増えたという。

さらに二〇一四年から「ありがとうコンテスト」を始めた。企業理念に沿った行動をとることによって患者から感謝された事例を集めて、表彰するというものだ。マニュアル的なサービスを評価するのではなく、その場の状況に応じて適切な対応ができているかどうかを見ていくことを主眼としている。

ここには、薬剤師が取り組む「プレアボイド・コンテスト」、事務スタッフが取り組む「アメニティ・コンテスト」に加え、利用者の視点を取り入れることで、多面的にサービスを重視していこうとする姿勢が見て取れる。

これらのイベントについて田尻氏は、「さまざまな店舗の取組みを紹介して、そのよい点を全店舗に水平展開していこうというのが、基本的な考え方です」と語る。

メディシスではこうして、同じイベントに参加することでグループ企業の融和をはかっている。これもシナジーを実現させる、ＰＭＩの手法のひとつといえるだろう。

第5章

シナジーをいかに生み出すか〈自動車用品販売業界のケース〉

イエローハットとドライバースタンド

積極的なM&Aで本業を強化する

縮小する市場で戦うために

PMIによってどのようにシナジーを創出するか——本章では、業界の寡占化が進むなかでM&Aで規模を拡大しつつ、いかに買収した企業とのシナジーを生むか、その例を自動車用品販売の業界で見てみることにしよう。

日本国内における新車の販売台数は、一九九〇年の七七八万台をピークに減少傾向に転じ、二〇一四年は五五六万台でピーク時の七一%にとどまっている。その理由は少子高齢化や人口の減少ばかりではなく、世代を超えた〝クルマ離れ〟が背景にあるとも言われる。レンタカーやカーシェアリングの利用も急速に増加しつつある。

同時に注目されるのが、所有者がクルマにお金をかけなくなっている点だ。

新車の平均使用期間は、二〇〇一年に七・〇年だったのが二〇一五年には七・八年に延び、同じように中古車の平均使用期間も延びている。さらに、一台あたりの使用期間が延びているにもかかわらず、整備費を含む自動車の維持費は横ばいか微減の傾向にある。

こうした状況は、自動車用品市場にも影響を及ぼしている。従来の主力商品であったカーオーディオやカーナビゲーションは、地デジ対応への切替え需要が一段落し、この五年間で売上げが三割減と大幅に市場が縮小した。ドライブレコーダーやスマートフォン関連アクセサリーなど一部に注目商品があるものの、全体を押し上げるほどの需要はない。

タイヤやケミカル用品の売上げは横ばいだが、メーカー系のタイヤショップやガソリンスタンド、ホームセンターなどとの競争が熾烈で、利益の出にくいビジネスになりつつある。

こうしたなかで、自動車用品関連の販売会社は経営戦略の転換を迫られている。中古車の売買、新車販売事業への参入をはじめ、車検や整備車両の獲得、ネット販売の強化による消耗品需要の取り込みなど、新規顧客の開拓と囲い込みの強化がはかられており、そのためのM&Aが積極的に進められている。その成功企業の例として、右肩上がりの成長を続けている株式会社イエローハットの戦略を取り上げたい。

同社を創業したのは、カリスマ経営者としても名高い鍵山秀三郎《かぎやまひでさぶろう》氏だ。まずその足跡を短く紹介しておこう。

掃除の文化から始まった社風

鍵山氏は自動車用品販売会社に勤めたのち、一九六二年に自動車用品の卸問屋、株式会社ローヤルを設立した。当初は商品の仕入れもままならず、社長自ら自転車で何十社ものメーカーを回って、ようやく商品を手に入れるという苦労をした。その後、高度経済成長期の波に乗り商品は売れるようになったが、一方で人手不足に悩んだ。

創業間もない零細企業に新卒で入社する者はいなかった。どうにか確保した人材は、転職を何回も繰り返してきた人間か、粗暴な若者たちだった。素直に指示に従ってくれる者はおらず、どうすれば彼らは気持ちよく働いてくれるか、頭を悩ませた。

鍵山氏の答えは「働く環境を整えること」だった。

当時の自動車用品の販売店は、店内が散らかり雑然としている店舗が多かった。それでも商品を置けば売れたので、店員は誰も気にしなかった。

鍵山氏は自分で社内を、トイレも含めてきれいに磨き上げることにした。さらに自社だけでなく取引先の店内の掃除も始めた。こうした行動は、最初はまったく評価されなかった。それどころか、社員からは「あてつけがましい」と批判され、取引先からは「余計なことをするな」と怒られ、場合によっては取引を打ち切られることもあった。それでも鍵山氏は毎日の掃除をやめなかった。

そして一〇年余りがたったころ、社員が自発的に掃除をするようになった。さらに一〇年がたつと、「掃除をするよい会社」という評判が立ち始めた。各種メディアで紹介され、ようやく掃除の大切さが理解されるようになった。

掃除がもたらしたのは社風の変化だった。社員が自発的に顧客の喜ぶ行動をとるようになり、それが顧客からの信頼につながっていったのだ。

一九六五年に仙台営業所、翌六六年には名古屋営業所を開設した。卸問屋としてスタートした株式会社ローヤルだが、七五年には直営店舗第一号としてイエローハット宇都宮南店を開店し、小売りに乗り出した。八八年には直営店とグループ店で一〇〇店舗を達成し、九二年には二〇〇店舗、九五年には三〇〇店舗と順調に店舗を増やし事業を拡大していった。

ちなみに、現社名となった店名の「イエローハット」は、通学時に児童がかぶる通学帽の「黄色い帽子」が由来で、人とクルマとの心地よい共存関係、そして「交通安全」の願いが込められている。掃除の文化から始まったイエローハットの社風が感じられる社名といえるだろう。

この間、一九九〇年に株式を店頭公開し、九五年には東証二部、そして九七年に東証一部に上場した。翌九八年に鍵山氏は社長を退任し、後継者に道を譲った。

ところが、好調だった業績がその後、若者のクルマ離れや個人消費の落ち込みなどの影響で低迷した。後継社長はこの事態を打開しようと、ホームセンター、中古車販売、大型バスの修理工場、さらには介護事業にまで乗り出した。

しかしイエローハットは、もともとそうした事業のノウハウをもっていない。多角化が裏目に出て、二〇〇四年ごろから経営不振に陥り、ついに〇八年三月期には四億円の営業赤字に転落し、繰延税金資産の取り崩しなどで三四億七〇〇〇万円の最終赤字を計上した。さらにリーマンショックによる金融危機で保有資産も目減りし、銀行から借入金の返済を求められる事態となった。このままでは銀行管理になりかねないという瀬戸際まで追い込まれたのだった。

「選択と集中」で復活を果たす

そんな危機的状況を救ったのが現社長の堀江康生《やすお》氏だった。創業者でありオーナーである鍵山氏は、二〇〇八年一〇月、現場からの叩き上げ社員である堀江氏に会社の再建を託した。

社長を引き受けた堀江氏は就任直後、社の内外に向けて「一年半後の黒字化」を宣言した。周囲は半信半疑だったが、堀江氏には「実現できる」という確信があった。社内外の問題点を把握しており、それに対する対策も、すでに自身の胸の内にあったからだ。

堀江氏は、大学を卒業後、繊維メーカーを経て七六年にイエローハットの前身ローヤルに入社。そのころ同社は増収増益で急成長していたが、入社してわかったのは、経営陣が資金繰りに苦慮していることだった。

現金収入のある小売りではなく、手形回収の卸問屋であるため、売上げが伸びるほど、当座をしのぐ資金繰りに苦労したのだ。右肩上がりで成長する一方で、在庫管理もおろそかになっていた。

そんなころ堀江氏は、オーナー社長の鍵山氏と深い交流をもつようになった。鍵山氏は若い社員たちと積極的に交流しようと、地方に出張する際は社員寮に泊まって、社員たちと食事をともにしながら会話をするのを常としていた。名古屋支店在任中の堀江氏は、鍵山氏の話をノートに書きとめ、オーナーの人生論から会社経営のノウハウまでを吸収していった。そんな堀江氏を鍵山氏も可愛がり、名古屋出張の際には必ず堀江氏の部屋に泊まるほどだった。

やがて堀江氏は在庫管理の分野で頭角を現し、若くして仙台支店を任される。一九八七年に本社へ異動したあとは、鍵山氏の右腕として、営業そして管理の中核を担うようになり、株式の店頭公開の際には監査員として業務の中枢的な役割を務め、上場作業審査にも深くかかわることになった。

こうして自社の強みを知り抜いていた堀江氏だからこそ、迷いなく一年半後の黒字化を宣言できたのだった。

堀江氏は苦境に陥った会社をどのように立て直そうとしたのか。

そのポイントは、本業に特化する「選択と集中」であり、M&Aの実施だった。堀江氏は次のような施策を矢継ぎ早に実行していった。

イエローハットの会社概要

会社名	株式会社イエローハット
本社所在地	東京都中央区
代表者	堀江康生
設立年	1962年3月（1961年創業）
事業内容	自動車用部品およびカーアクセサリーの販売
資本金	150億7200万円
売上高	1206億7100万円
従業員数	2266人

＊2014年9月30日現在（売上高は2014年3月期）

第一は、本業であるタイヤやバッテリーといった自動車用品販売への資源の集中だ。鍵山氏から受け継いだイエローハットの精神は、こうしたコア事業で生きていた。同社は、これまで良質な製品を適正な値段で消費者に提供してきた。その経験と知識、ノウハウは他社に負けるものではない。そこで、会社が成長するにつれて肥大化していた本社管理部門をスリム化し、現場部門へと人材をシフトした。

第二は、車検事業などによる工賃収入の拡大である。

車検サービスはもともとカーディーラーが独占していたが、イエローハットにとってもコア事業に通じる分野だ。車検は、消耗品であるタイヤやバッテリーの交換をうながすことにもつながり、それは同社の本業そのものである。

第三は、経営効率の向上だった。これまで社内では春と秋で二回の異動があったが、頻繁な人事は経費がかさむ一方で、業務にプラス面が感じられずにいた。そのために一回に統合し、異動も最小限にした。

店舗の運営方法にもメスを入れた。

かつて二二社あった店舗運営子会社は、前社長時代に一社に統合されていた。これを全国の実情に合わせて地域ごとに、以前より規模の大きな五社に分社化し、地域の実情を反映した販売力の強化をはかった。これによって転勤が減り、寮・社宅費も軽減できた。

さらに、非中核事業と遊休資産の整理と売却を行った。

介護事業などまったく門外漢の分野からは撤退した。中古車販売事業も、本業である自動車用品販売とはノウハウが異なる事業なので、こちらからも退いた。大型バスなどの修理工場も本業とはいえないために撤退した。

一般に「選択と集中」というと、短期的に効果の出るコストカットばかりをイメージしがちだが、堀江氏が目指した姿はそうではなかった。

経費削減で真っ先に対象にされる広告宣伝費、販売促進費を逆に増やしたのである。テレビCMの出稿量を増やし、会社のイメージアップに努めた。これが利用客の抱くイメージを改善し、社員の愛社精神を高めることにもつながった。

第四の施策として、社員の士気を向上させるために、昇格・昇進を行い、手当を増やすなどして給料をアップした。これによって、「堀江社長は有言実行の人だ」と社員にわかってもらうことができ、活力ある会社づくりのひとつのポイントとなった。

イエローハットを創業した鍵山氏は顧客と従業員のいずれにも満足してもらう経営を目指した。その創業の精神が堀江氏のなかに脈々と受け継がれていたのだ。

堀江氏は、社長就任からわずか半年後の本決算で黒字化に成功した。その後も自動車用品市場が全体として二％以上のマイナス成長を続けるなか、同社は順調な成長路線を歩み続けている。

こうした堀江氏の経営手法は、M&AとPMIにおいても大いに発揮されている。

買収する企業へのアプローチの仕方

積極的な買収と売却

イエローハットでは、堀江氏の社長就任後の五年間でじつに一六件にものぼるM&Aを実施している。

手始めは二〇〇八年度の「オートテック」と「ピット100」だった。いずれも伊藤忠商事の子会社が東京、埼玉、群馬で運営していた自動車用品店で、合わせて一〇店舗（売上高約六〇億円）を買収した。

同じ〇八年度には五店舗をもつ名古屋のFCグループ企業、株式会社ギャラックを、一〇年度には八店舗をもつ福岡のFCグループ企業、株式会社イッシンをそれぞれ譲り受け、一一年度には二四店舗をもつ広島の株式会社モンテカルロを買収した。

一方で、ホームセンターや、車いすの製造・販売会社などを売却した。

「当社は以前に介護事業やホームセンターに手を出して失敗しました。それを見てきたから、得意でないところは全部やめて、得意なところだけで勝負しようというの

イエローハットの実施したおもなM&Aと売上高推移

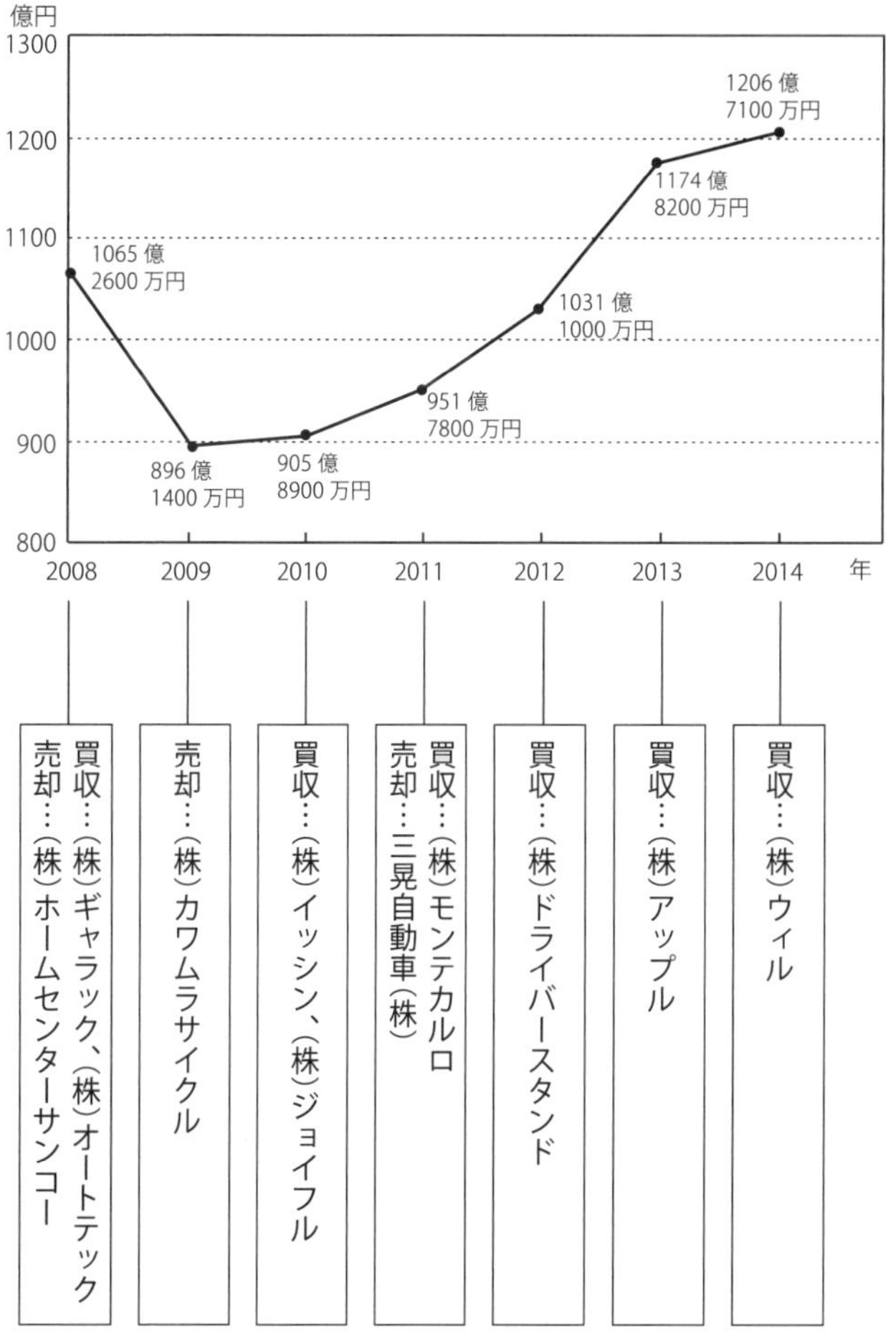
億円
1300
1200
1100
1000
900
800
1065億
2600万円
896億
1400万円
905億
8900万円
951億
7800万円
1031億
1000万円
1174億
8200万円
1206億
7100万円
2008
2009
2010
2011
2012
2013
2014
年
買収…(株)ギャラック、(株)オートテック
売却…(株)ホームセンターサンコー
売却…(株)カワムラサイクル
買収…(株)イッシン、(株)ジョイフル
買収…(株)モンテカルロ
売却…三晃自動車(株)
買収…(株)ドライバースタンド
買収…(株)アップル
買収…(株)ウィル

が、私の基本的な方針です。クジラが陸に上がってきて、いくら『俺は強いんだ』と言ったところで、海から上がった時点で戦えなくなりますし、ライオンがいくら百獣の王だと威張っても、海に出れば手も足も出ません」（堀江氏）

まず「譲れないこと」を聞く

M＆Aの交渉における堀江氏の考え方の基本には、「ＯＫできることは、全部ＯＫしよう」という考え方がある。

「交渉をしても可能性がないのであれば、そこに時間を割きたくないから、最初に先方に『譲れないことは何ですか』と聞きます。まずはそれを、交渉のテーブルに載せるわけです」

先方が会社を譲渡する可能性があると判断した場合、譲渡側の要望に対して「こちらは買うほうだから、折れるのは当たり前のこと」と堀江氏は考える。

とはいえ、堀江氏はM＆Aのエキスパートである。先方が譲れない条件として、土地買収の値段について想定以上の金額を求めてきた場合は、それを受け入れる一方で、ほかのことに関して値段を下げるよう交渉する。

M&Aをマスコミに発表する場合も、譲渡企業の要望に沿った内容にする。場合によっては、売却を知られたくないという企業もある。その場合は非公表とする。

譲渡企業のオーナーが地元の名士などの場合、「名目上でよいから、しばらく〝会長〟の名前を使わせてもらえないか」という相談もある。その場合も、必要以上に経営に口を挟まないということであれば快く了承する。

これは堀江氏一流の交渉術である。「肩書を残してほしい」という先方の譲れない部分には折れる一方で、薄給にするという条件を確保する。譲渡側も満足し、買い手側のイエローハットにも負担はまずない。

買収した企業の社員とのつき合い方も一貫している。一般社員に対して、堀江氏は直接指示をしたり、自分の考えをそのまま伝えたりすることはしない。

「そこに店長がいるのなら、店長が指示を出すべきです。店の人間からすると、『頭が二つ』というのは混乱の元なのです」

買収した小会社の社長が売上げシェア拡大を目指し、「安売りしてでも売上げを伸ばせ」と言っている一方で、親会社の社長である堀江氏が「利益率重視」と言えば、子会社の社内は混乱する。

「『そんな安売りしては、会社は成り立ちません』というのは、子会社の社長と私が話し合うことであって、社員に話すことではないのです」

堀江氏は子会社の店舗を訪問したときにも、朝礼には参加せず、店員に直接指示を出さない方針だ。

「組織はピラミッド型がいちばん安定していて、いいと思っています。指示は上から下へ順番に伝えるのがいい。途中を飛び越して下のほうにぽんと言うと、現場は混乱してしまいますから」

ちなみに、イエローハットは、「価格競争は絶対にしない」という強い信念をもっている。相場に見合った価格でよい商品を提供し、他社とはサービスで競争するというスタンスを貫いている。家電量販店や大手スーパーなどが値引き合戦で客をつなぎとめようとしているなか、なぜそれが可能なのだろうか。

それは、自動車用品業界がオートバックスとイエローハットの二強で七割以上のシェアを占めるという寡占市場であり、新規参入が難しいために、無謀な価格競争に打って出る業者がいないからだ。加えて、自動車のメンテナンスという特殊なノウハウが商品になっているのも大きな理由だ。

「つくられた数字」に注意する

M&Aにおいて、最初に買い手が注目するのは、譲渡企業の売上げや利益、従業員数などの「数字」である。たしかに重要なポイントだが、そこに落とし穴がある可能性を堀江氏は指摘する。

「数字というものは、たしかに参考にはなるけれど、鵜呑みにせず十分に吟味しなければなりません」

数字が順調であっても、そこに目を奪われてはならないと言う。たとえば設備投資がポイントとなる業種で、高い利益を出している企業があるとする。しかしそれは、ここ最近まで十分な設備投資をしてこなかったからかもしれない。もしそうだとすれば、利益に惑わされて会社を買ったあとに、予想もしていなかった新規の投資が必要になるかもしれない。

「老朽化した機械を使っていけば、利益は出るんです。だから『利益は出ています』と言われて買って、痛い目にあうこともあります」

堀江氏が社長に就任する前、イエローハットが買収した事案でうまくいかなかったケースに次のようなものがあったという。

関西地方にある自動車の大型修理工場は、売上げ、利益ともに素晴らしい実績をあげていた。

ところが買収してしばらくすると、大型の注文がばったり途絶えてしまった。それまでの大口取引先であった自動車の輸入販売業者が経営悪化を理由に、外部への業務委託をやめて、自社で修理をするようになったからだ。

「当社はこれまでの経験から、そういう事態を分析し、予測する能力はある程度もっています。数字の根拠を分析するノウハウがあります。しかし、不慣れな業種の企業を買収する場合は注意が必要です。とくに数字に騙されないようにしなければなりません」

本業に特化していれば、このような失敗を避けることができる。

業種が違って、自社に知識やノウハウがない場合には、問題を見抜くことができない可能性があるが、本業に特化して同業者を買収するのであれば数字に隠れた問題を見過ごすこともない。

さらに、M&Aに際して正確な情報を得るためには、買収しようとする企業の同業他社をはじめ、関係する業界などから評判を聞くことも重要だ。これは譲渡する側が買収する側について調査する場合にもあてはまることだ。そのため、堀江社長は、自社の社風や実績を、交渉する相手に直接説明するだけでなく、先方が周囲からも情報を聞き取れるように配慮する。

「当社がどういう会社か、自分でよいところを並べたてても相手は信用しません。ですから、関連する業界や仕入先など周りから聞いてもらうようにしています。当社はいままでM＆Aを数多く行って実績をあげていますから、周囲に聞いてもらっても悪い話は出てきません」

先述した「まず、譲れないことを聞く」のはファーストビジット（トップ面談）における堀江流の要諦であり、「つくられた数字に注意する」ことはデューデリジェンス（買収監査）における留意点といえるだろう。これらのイエローハットにおけるM＆Aの手順を注意深く見ていくことは、ＰＭＩについての理解を進めるうえでも、重要な示唆となるだろう。

それぞれのメリットはどこにあるか

買い手企業は市場シェアを確実に高める

本業強化を進めるイエローハットの豊富なM＆A実績のなかから、当社が仲介した事案で、ほかの自動車用品販売店の買収とは少し色合いの異なる例を紹介しよう。この事例から、社員とのコミュニケーション、統合の人事、意識改革、シナジーの創出など、イエローハットによるPMIの手法を学んでいただきたい。

一九七八年創業の株式会社ドライバースタンドは、オートバイと自動車の用品を扱う小売チェーンで、関東から中部、関西にかけて「2りんかん」など四三店舗を展開していた。とくに二輪用品販売では業界トップだったが、市場の縮小が進むなか、売上げは二〇一〇年の一八七億円をピークに減少傾向となっていた。

それでも業績は堅調だったが、株式を一〇〇％保有する親会社（大阪船場の繊維問屋）が同社の売却を検討することになった。

買収には大手資本も名乗りをあげた。ところが、伝統ある大企業では意思決定のス

ドライバースタンドの会社概要

会社名	株式会社ドライバースタンド
本社所在地	東京都東久留米市
代表者	石渡　淳
設立年	1978年11月
事業内容	オートバイ用品販売、自動車一般整備
資本金	1億3600万円
売上高	176億3000円
従業員数	413人

＊データはM&A前の2011年2月期のもの

ピードがどうしても遅くなる。本体の事業と比較すると規模が小さいために社内で最優先の事案とはみなされず、さらに担当する役員の交替などがあると、検討は後回しにされたり、ひどい場合は振り出しに戻されてしまう。

これに対し、イエローハットはM&Aの経験も豊富で、意思決定も迅速だ。社長を先頭に誠意をもって買収の交渉に臨み、全株式を取得してドライバースタンドを子会社化することができた。

オートバイと自動車の用品を扱うとはいえ、ドライバースタンドが得意とするのはオートバイ部門だ。それでもイエローハットがM&Aを実施したのはなぜか。

イエローハットは業界二位の地位を占めてはいるが、売上げは一位のオートバックスの半分である。これ以上引き離されると、太刀打ちできなくなる恐れがある。そのため、ドライバースタンドの自動車用品の小売チェーンがなんとしても必要だった。

このM＆Aに対して、ドライバースタンド側の経営陣は慎重だったという。利益も出ており、経営にも大きな問題はなかったからだ。

M＆Aの業界では、大手企業による子会社の売却について、「敵対的買収」をもじって「敵対的売却」と呼ぶことがある。それは、子会社の経営陣が売却に対し徹底して反対に回り、親会社の意向と敵対するケースがあるからだ。

親会社の勝手な判断で企業グループから切り離されるなど、子会社の経営陣にはとても容認できるものではない。あるいは捨てられるような情けなさや悲しさを感じ、猛反対することがある。ときには、重要な経営資料の提出を拒んだり、トップ面談でわざと、ネガティブでトリッキーな発言をすることもある。

しかしM＆Aの経験豊富な堀江氏は、そうした事態にならないような対処法を十分に心得ていた。ドライバースタンドの社長以下、幹部社員全員を残すことを示して、社内に動揺が広がらないようにしたのだ。

ドライバースタンドの会長にはイエローハットの専務が就き、堀江氏は直接、ドライバースタンドの経営にかかわることはしなかった。

このM&Aにおいて、イエローハットが示した大枠は、ドライバースタンドは二輪に特化することであり、四輪部門はイエローハットが運営し、ドライバースタンドの社員で四輪の仕事がしたい者はイエローハットに転籍するというものだった。

譲渡企業の社員の力を一〇〇%引き出す

イエローハットではM&Aに際して、買収した企業の社長や幹部を、基本的に交替させない。さらにこのケースでは、「親会社が変わったのだから、イエローハットらしい取組みをしてほしい」といった要求もしなかった。

同社は創業以来の伝統として個々の社員の働き方を重視する。店舗のスタッフがやる気を出せば、売上げが伸びていくのは確かだ。社員の力を一〇〇%引き出すためには、自然体でやってもらうのがいちばんだと考える。

「買収されても社内が変わらないとなると、一般の社員も含めて辞める人はほとんどいません。ドライバースタンドに対しては、『あなたたちは二輪に集中してください。

すべてお任せします。ただし、ルールを守ってちゃんと利益を出してください』と、自由に運営してもらっています」

イエローハットは、具体的な経営戦略をドライバースタンド側に提示することもしなかった。彼らには二輪用品販売で業界トップのプライドがあるからだ。

二輪に特化するという大前提をイエローハットが決め、得意な分野は任すという考え方は、ドライバースタンド側にとっても願ったり叶ったりだった。もともと二輪が主力であり、オートバイが好きという理由で入社した社員が多かった。四輪を希望する社員は望んでイエローハットに転籍した。

「当社は、できるだけ柔軟に現場の従業員の希望を聞くようにしています。どのように働きたいかを聞いて、ドライバースタンドの二輪事業に携わりたい人はそのままだし、『転籍して四輪事業にいきたい』ということでしたら、それもほとんどＯＫです。少々のことは気にしません」（堀江氏）

現場の意識を、上から力ずくで変えようとしてもうまくいくものではない。自ら意識を改革してもらうようにもっていくのだ。

相手は何にこだわっているか

イエローハットでは、ドライバースタンドを買収したあとも、二輪用品の販売に関しては「2りんかん」の看板のままで営業をしている。一般消費者に対する知名度では「イエローハット」のブランドのほうが圧倒的に有名だが、それでも堀江氏は、「2りんかん」のブランドを残すという判断を下した。それはなぜだったのか。

「ひとつは名前がよかったためです。『2りんかん』というのは二輪を扱う店だということで間違えようがありません。じつは当社は、以前は会社の認知度を上げるのに苦労したのです」

先述したように、イエローハットという店の名前は、創業者が交通安全、それにクルマと人々との共存関係を願ってつけたものだ。しかしながら知名度が低かったころは、「ピザハット」や「リンガーハット」と間違えられたり、帽子屋と勘違いして年輩の女性が店員募集に応募してきたりという笑い話まである。

「それに、社員のやる気を考えると、名前は変えないほうがいいと思います」

じつはドライバースタンドは、イエローハットに譲渡される前、一部の店名を「ライダーズスタンド」に変更したいきさつがあった。これはドライバースタンド側ではなく、親会社が変更したもので、「2りんかん」と「ライダーズスタンド」の二つのブランドが混在していた。それを堀江氏は再び、「2りんかん」に統一した。

「経営者や社員にとって思い入れのある、元の名前に戻したのです。その点も喜んでもらえたと思います」

これも、できるだけ相手の立場で考え、できることならOKするという堀江流だ。

得意分野に集中してもらう

一方で、ドライバースタンドの問題点は、四輪と二輪の商品がひとつの店舗で混在し、ショップとしての専門性が十分に発揮されていないことだった。

どちらに力を入れているのかわからない店舗もあった。業績が悪くなると、二輪の担当者は四輪の品揃えが悪いと言い、四輪の担当者は二輪の売上げが悪いと言う。二輪が主体の店舗は四輪に力が入らない。その逆に、四輪の売上げが大きい店舗は二輪に力が入らない。要するに中途半端だった。

堀江氏から見れば、四輪に関する知識、能力、運営については、イエローハットのほうが圧倒的に勝っている。そこで二輪と四輪をすっきり分離し、自動車はイエローハットの扱い、オートバイはドライバースタンドの扱いとした。

「苦手な四輪分野はすべて引き受けるので、二輪に集中してほしいと言ったら、ドライバースタンド側も喜んだわけです」

ドライバースタンドの幹部は、好きな二輪に関する知識は豊富にもっていても、四輪はそれほど詳しくなかった。実際、堀江氏がドライバースタンドの店舗をすべて見て回ったところ、自社に比べて四輪関係の売り場は品揃え、価格表示方法とも同じレベルには達していなかったという。

そこでイエローハット側では、ドライバースタンドの店舗の現状を仔細に分析し、規模や立地条件などから、二輪車向けと四輪車向けの店舗に選別した。そのうえで四輪車向け店舗は看板を「イエローハット」に変換し、二輪車向けは「2りんかん」のブランドで、オートバイ用品の専門店に特化することにした。

場合によっては一店舗にイエローハットと2りんかんが同居するケースもあったが、その際には、四輪と二輪でそれぞれに店長を置き、責任を明確にした。

これは堀江氏がイエローハットで採った「選択と集中」の戦略を、ドライバースタンドでも推し進めたものだった。

親会社・子会社のシナジー効果

譲渡企業はスケールメリットを手に入れる

イエローハットは東証一部上場企業であり、買収した企業はすべて未上場企業なので、統合においては会計面での作業がポイントのひとつになる。

「上場企業と未上場企業の経理のスキルには雲泥の差があります」（堀江氏）

実際、上場企業と非公開企業のM＆Aとなると、次のような問題も起きる。

上場企業は一定の会計基準を満たさなければ上場を維持できないが、未上場企業には厳しい監査が入ることもなく、オーナーの考え次第で厳しくも甘くもなる。

上場企業は連結子会社を含めた全体の数字をまとめなければならないため、子会社側も期日までに指定されたデータを揃えなければならない。しかしM＆Aによって新規に上場企業の傘下に入った会社の担当者は、そうした実務に慣れていない場合がほとんどだ。

「それを一気にやろうとすると、『なぜ、そんなことをしなければならないの?』と現場は抵抗を始めます。『これが上場企業の基準です』と断言すると余計ダメなのです。やわらかく指導しないといけません」

こういう場合は本社から経理の指導員を送り込むという。

「それも、優しい、気のよさそうな、おとなしい指導員を選びます。人に教えるということもまたひとつの勉強ですから、担当者にとっても成長の機会になります」

会計を上場会社の基準に合わせることで、たしかに会計担当者の手間は増す。しかし同時に、イエローハットと同じシステムを導入することで効率も向上する。

たとえばクレジット会社の手数料は、規模が小さい会社では高く設定されるが、それをイエローハットのグループとして契約することで下がる。店舗を借りる賃料についても、イエローハットグループとして交渉することで断然有利になる。イエローハットは規模が大きいだけでなく、経営が安定しているからだ。

「イエローハットグループに加わることでコストは間違いなく下がります。当社は、効率に関しての知識・経験が豊富ですから」

と堀江社長は断言する。こうしたメリットが得られることも、M&Aで大企業グループに加わる利点のひとつである。

さらに社員の待遇が改善される。

「ほとんど退職金のない中小企業もありますが、当社はきちんと出します。長い目で見れば、生涯所得も当社のほうが上です」

ポストの面でも、グループに入るほうがいい。

「当社の場合は次々と出店しますから、いままで副店長だった人が店長になれるわけです。規模の小さな会社では、なかなか昇進のチャンスが訪れません」

それを堀江氏は、「夢」という言葉で表現する。

「譲渡企業の社員に対して、『これまでより昇進・昇級のチャンスが広がります』『イエローハットは夢のある会社です』と説明します」

既存店の売上げが五%伸びた

資金面でも、イエローハットはドライバースタンドを強力にバックアップした。

オートバイの整備には、ピットと呼ばれる施設が必要だ。自動車に比べればそれほど大きな金額ではないが、それでもまとまった資金がいる。しかし以前の親会社は畑が違うこともあって、ピットの必要性に理解がなく、現場は手狭で老朽化したピットに不満をもらしながら、将来に対する不安も抱いていた。

これに対して堀江氏は、「ピットを増やすのもいいし、新規に出店したいのなら、それもいい」という方針を提示した。

それらは待ちかねたようにすぐに実行され、二〇一二年度には四店舗、翌一三年度には二店舗の新規出店を果たしている。これによって、ドライバースタンド側のM&A後の不安感はみごとに解消された。

「売り手側企業では、最初は被害者意識のようなものがあっても、現実に具体的な支援策を実施すると、やはり元気が出てくるんですね」

イエローハットは本部のなかに事業開発部をもっている。新規出店を担う部署で、これまでは四輪車向けの店舗を開拓していた。それが、「2りんかん」のグループ入りで、二輪車向けの店舗も一緒に開発するようになった。

M&Aののち、ドライバースタンドは既存店のベースで売上げが年間五%という伸びを見せた。これをイエローハット側は「この数字をあげるのは簡単なことではない。現場のみなさんが相当努力されたのだと思います」と高く評価している。親会社とのシナジーが、数字の面で明らかに出た例である。

最近はオートバイに乗る人たちが高齢化し、二輪しか乗らないという人は少なくなってきている。「2りんかん」を利用している顧客が、自動車用品ではイエローハットを利用するという相乗効果も出ているという。

自動車用品の販売と工賃収入の拡大という本業特化を打ち出した堀江氏にとって、二輪用品販売店をもつ会社のM＆Aは初めての経験だった。

堀江氏はドライバースタンドのM＆Aについて次のように総括する。

「もともと当社は、四輪の店がほしかったのですが、ドライバースタンドは二輪も取り扱っています。しかし、『二輪はノー』と言うと四輪の店も手に入らないことになります。ある程度は折れるという気持ちがないとM＆Aはできません。

経営効率だけ見れば、圧倒的に四輪のほうが勝っていますから、二輪についてはプラスマイナスゼロでもいいという考え方でした。もちろん、利益をあげようとは思っていましたが、最悪ゼロでもいいという気持ちでなければ、このM＆Aはできなかったと思います」

斜陽産業はじつはおいしい

最近では中高年の人たちや女性でバイクに乗る人も目立つようになってきたが、それでも二輪の市場は今後ゆるやかに縮小していくと見られている。ドライバースタンドを売却した大阪の親会社には、「いまは順調だが、いつまで続くかわからない」という不安があり、それも事業を売却した理由のひとつだった。

イエローハットの社内にも、若者のバイク離れで、「二輪は斜陽産業だから買うべきではない」という意見があった。「二輪部門については切り離して考えるべきだ」という意見もあった。しかし堀江氏は違う見方をしていた。

「斜陽産業だからダメだと言う人がいます。でも、私は考え方がちょっと違っていて、おいしいんじゃないかなと思っているのです。儲かっている商売は価格競争があったりして厳しい。ところが斜陽産業には新規企業の参入がありません。だから、そんなに悪いものではないのです」

肌で現場を知る経営者ならではの見方だろう。

堀江氏には「工夫さえすれば、損はしないだろう」という判断があった一方で、万一うまくいかなかった場合の冷徹な計算もあった。

「三年ほど一生懸命支援し、それでもダメなときに考えればいい」

四輪車の場合、クルマを整備するピットの設備は、下部を掘り下げるなど構造的に複雑で経費がかかるが、オートバイのピットは特別な工事は必要なく、スペースと機械類を整備すればこと足りる。もし二輪専門の店舗を売却することになった場合も、解体して更地にするにしても、それほど大きな手間と費用はかからない。

M&Aの成功を受けて追加買収を実施

「2りんかん」買収の成功を受けて、イエローハットは二〇一四年にオートバイ本体を販売する小売チェーン株式会社ウィルを買収した。

同社は埼玉県に本社を置き、「バイカーズステーションSOX」のブランドで、二五店舗を展開し、国産・輸入車、新車・中古車を問わず、幅広く二輪車の販売を手がけている。ことに輸入車に関しては、代理店を通さず、直接仕入れることで低コスト販売を実現し、業績を拡大してきた。

このM&Aは、イエローハットがドライバースタンドを子会社化したからこそ実現したものだった。もし「2りんかん」を買収していなければ、本業特化を進めるイエローハットが、二輪車本体の販売にまで事業を広げることはなかっただろう。

今後は共同出店も含め、「2りんかん」との相乗効果を狙った戦略的ストーリーが組み立てられていくことになる。

現在、イエローハットグループの店舗は、国内の「イエローハット」が六一二店、海外の「イエローハット」が一四店、「モンテカルロ」一〇店、「2りんかん」四三店、「SOX」一八店など、合わせて七〇〇店超の規模になっている。

戦略実現のための経営判断にはますますスピード感が求められている。それをイエローハットのM&A戦略は体現している。

店舗視察にはパンを持って

堀江氏は社長就任後、全国の店舗を一括管理していた運営会社を解散し、地域に合わせた子会社に再編成した。先述したとおりだ。

大きな理由としては、全国一律の人件費を地域の実情に合わせて柔軟に対処するためだったが、それだけではない。イエローハットの子会社運営店舗は、二〇〇店舗以上にのぼっており、そのすべてを一人の社長では把握できないからだ。

「五〇店舗になるともう、社長は現場を見切れない。社員の顔がわかり、この人はどういう性格だとか、この人はよくやっているとか、過去の実績などが頭に入るのは、一〇〇人そこそこだと思います。そういう点では、一店舗を社員一〇人として、一社一〇店舗が適切な規模です。そこで今回、二〇店舗のギャラックという会社を二つに分けて、ギャラックAとギャラックBに分割しました。その逆に、四店舗や五店舗の会社は効率が悪いので、他と一緒にします」

大きくなりすぎた会社は分社化し、数店舗の小さな会社は地域ごとにまとめる。こうした柔軟な運営ができるのも、M＆Aによって店舗数が増えた利点だ。

同時に堀江氏は、グループを統括する立場として、社員に対する気遣いを忘れない。店舗を視察する際には、手土産を持っていくのを常にしている。

「2りんかん」のある店舗に立ち寄る際には、店員が一二人と聞けば一二人分のお菓子を持参する。

「店に寄るといっても、忙しいので一〇分くらいしかいられないのですが、これまでの経験から短時間でも店の様子はよくわかります。

ところが店員側は、社長が一〇分で帰ったら、『何しに来たの?』と思うでしょう。店に愛着のある人ほどそうなんです。そのため人数分のお菓子を持って行きます。すると文句が出ないのです。これはぼくの気持ちです」

そのお菓子も高価なものは選ばない。店のなかにはフランチャイズで展開している店舗もあり、高価な品物を持って行くと、そのフランチャイジーのオーナーが逆に困ってしまうという。

「一人数百円のお菓子かパンを人数分持って行くんです」

堀江氏は「それは単なる気持ち」と言うが、小さな気配りが社員のやる気を引き出すことを理解し実践することは、企業文化の異なる会社とのＰＭＩにおいて欠かせない要素だ。

第6章

M&Aによって海外展開の可能性を拓く

〈製造業のケース〉

日本澱粉工業と朝日化学工業

M&A戦略によって海外に進出する

有望なアジア市場へ

ここに興味深いデータがある。イギリスの著名な経済誌「エコノミスト」の予測では、将来の世界のGDPに占める各地域の割合(%)は次のようになっている。

	二〇一〇年	二〇三〇年	二〇五〇年
アジア	二七・九	三九・五	四八・一
北アメリカ	二一・五	一六・九	一二・三
西ヨーロッパ	一八・七	一二・八	八・九
日本	五・八	三・四	一・九
その他	二六・一	二七・四	二八・八

日本を除くアジアの国々は、いまから一五年後には世界のGDPの約四〇%を担い、三五年後には世界の約半分を占めることになる。

一方で、北アメリカ、西ヨーロッパ、日本の割合は相対的に減っていく。

しかし見方を変えれば、日本は、今後経済的に最も重要になるアジア地域に一番近い先進国ということになる。

私は毎年数回アメリカを訪問しているが、アメリカの投資銀行家と話をしていると、「日本は、現在最も成長率が高い中国の隣国である。さらに、今後の成長が期待されるASEANにいちばん近い先進国である。これほど有利なことはない。アメリカは何といっても遠いし、文化も異なる」と羨ましがられる。

アジアが今後の世界経済で、中心的、支配的になっていくなかで、「アジアを抜きにして日本経済は考えられない」ととらえるのは、経営者としてきわめて真っ当な考え方だ。

では、日本企業がアジアで事業を展開していくためにはどうすればよいか。その方法は大きく二つある。すなわち、

・自社で新規地区を独自に開拓して展開する。
・M&Aで地元企業を傘下に入れて展開する。

どちらの方法をとるか。海外展開の話をする前に、自社で新規地区を開拓する場合と、M&Aで地元企業を傘下に入れる場合との違いを日本国内の例で考えてみたい。

私は関西の出身なので、大阪の企業が進出する場合を例にとってみよう。

進出する先が中国地方や四国、九州などの西日本であればどうだろうか。大阪には西日本各地の出身者も多く、かねて人的な交流があるため、地元の人が関西の文化や関西弁への違和感を感じることは比較的少ないだろう。

では、同じ大阪の企業が自社で、東北地方に進出したいという場合はどうだろうか。言葉ひとつをとっても、関西弁は西日本では受け入れられても、東北ではなじみが薄い。関西人特有のイントネーションや会話での突っ込み、さらに商売の感覚などは、東北の方々から見れば異文化と感じられることもあるだろう。

そのなかで新規に顧客を開拓し、売上げを伸ばし、利益を出していくには、西日本への進出のケースと比較して、多くの努力と時間とコストがかかる。

一方で、Ｍ＆Ａの場合である。

もし、東北地方で歴史と商圏をもつ企業を買収して、事業を展開できればどうだろうか。相手が東北に根を張り、しっかりと顧客基盤を構築している地元企業であれば、親会社が大阪の企業であっても、東北の人々に違和感なく受け入れられる。スムーズに事業を展開することも可能になるだろう。

アジアにおける展開についても、同じように考えることができる。展開したいと考える国で「歴史ある中堅企業」を買収できれば、事業展開はやりやすくなる。

海外企業を買収するメリットを考える

私は海外でのM&Aのメリットを次の四つだと考えている。

①コストを安く抑えられる
②安全に展開できる
③時間が短縮できる
④文化の壁を越えやすい

これらを順に見ていきたい。

①コストを安く抑えられる

M&Aは買収費用の面で割が合わないことが多いのではないか。そんな心配をする経営者も少なくない。これは見逃されがちなポイントなのだが、M&Aにはコスト面においても大きな魅力がある。

自社で海外展開をするとなると、まずは支店を出し、什器や備品、営業車を揃え、コンピュータを導入するところから始めなくてはならない。新規の人材を募集して採用し、トレーニングをする必要もある。そのうえで、ようやく事業の開始となり、商品を仕入れ、広告宣伝費をかけて、はじめて売上げにつながる。

そのためのコストは、単に不動産や物品の購入費、現地での社員採用の経費にとどまらない。本社の人間が不慣れな土地で人間関係を築きながら、営業基盤を一からつくり上げていかなければならない。人件費もかさむだろう。

M&Aではどうだろうか。買収した企業には、社屋、社員などすべてが揃っている。再調達コストの観点から考えると、その意味ではすべてが「中古品」である。新規で同じレベルの人材や施設を調達することを考えれば、はるかに安くすむ。そればかりか、最もコストがかかる営業基盤がすでに確立されている。

もちろん順調にいくことが前提だが、総合的に考えれば、自社での展開より、M&Aのほうがコストをはるかに安く抑えられる。

②安全に展開できる

次に、事業の展開が成功する確率について考えてみよう。

自前主義で一から新規に事業を立ち上げる場合、売上げがいくらあがるか、その目標の数値が実現するかどうかは、実際にやってみるまでわからない。まして海外進出の場合、文化が違う異国で、計画どおりに売上げがあがるとは限らない。予想が裏目に出ることもあるだろう。

これに対して、Ｍ＆Ａでは、すでに安定した顧客基盤をもち、売上げや利益がきちんと出ている企業を買収することになる。つまり安全に事業展開ができる。あとは、どれだけ本国のノウハウをつぎ込んで売上げと利益を伸ばすかだ。

損益の面でも、Ｍ＆Ａはさまざまな手法のなかで最も安全な手法と思われる。

もちろんリスクはある。優良企業を買収したつもりが、バランスシートや法務面で問題があるというような事態は避けなければならない。

③時間が短縮できる

これは説明を要しないだろう。Ｍ＆Ａの教科書には、「Ｍ＆Ａは時間を買うことである」と必ず書いてある。

自前主義で、異国に展開した事業を成長軌道に乗せるには、多くの時間がかかる。「自前で企画し、熟考を重ね、周到な準備をする」のもひとつのスタイルだが、変化の激しい経済環境においては大きなリスクを背負うことになる。とくに急成長するアジア経済のなかではスピードが要求される。そのようななかで、「時間を買う」ことができるのは最大のメリットだ。

④文化の壁を越えやすい

海外に進出して、文化や言語の壁を乗り越え、その国の経済社会に受け入れてもらうには、気が遠くなるような努力、長い時間の積み重ねが必要だ。

日本の商社やメーカーは、現地で血の滲むような努力を数十年にわたって行ってきている。しかし、これからアジアへ事業展開しようとするすべての企業が、社運や社員の人生を懸けられるかと考えると、なかなか踏み切れないだろう。外国との間に文化の壁は歴然としてあり、それを乗り越えない限りビジネスの成功はない。

Ｍ＆Ａで、地元で信頼されている企業を買収できれば、こうした問題はほぼ解決される。もちろん優れたＰＭＩが必要だ。

以上の四つの要素を考えたとき、事業の海外展開をはかるうえでも、M＆Aは「早く、安く、安全に」自社の戦略を実行できる手段であることがわかる。

海外に進出している日本企業を買収する

タイに現地法人をもつ会社

日本企業がアジア進出に関連して行ったM＆Aの具体例として、当社が仲介した事案を紹介しよう。

M＆Aとしては国内企業の間で行われたが、譲渡企業がタイに子会社を保有していた事例だ。買い手側は直接、海外企業を買収するのではなく、国内企業の買収によって海外企業を手に入れた。最近は海外に子会社をもつ企業も多く、その点でも参考になるだろう。

譲渡企業は、一九四九年に和歌山市で創業された、各種加工でんぷんの製造と販売を手がける朝日化学工業株式会社である。

和歌山市はもともと繊維産業が盛んな土地柄で、繊維産業では布を織る際に製品を強くするため糸に糊をまぜる。同社では繊維製品に使う糊剤を製造販売していたが、その後繊維産業が衰退したために、先代社長はその技術を転用した。

現在は、馬鈴薯や、タピオカでんぷんの原料にもなるキャッサバを使って、うどん用打ち粉や揚げ物粉などに用いられる加工でんぷんを製造販売している。なかでも養殖ウナギ飼料の原料に使うアルファ化でんぷんについては国内四〇%のシェアを占めている。

なぜ、ウナギのエサにでんぷんを使用するのか、簡単に説明しよう。

ウナギのエサには魚粉を使うのだが、そのままでは水中でバラバラになってしまう。エサが溶けてしまうと池を汚し、ウナギに病気が出たり、水を頻繁に替えることでコストが余計にかかったりする。そこで、魚粉のつなぎには、ウナギがエサを全部食べ切るまで溶けないだけの強力な粘着力が必要になる。その用途にアルファ化でんぷんを使う。

ところが、魚粉の原料としてアジアやアフリカ諸国から輸入していた魚が徐々に高値になってきた。人間の食用として魚の缶詰にしたほうが、高く売れるようになって

朝日化学工業の会社概要

会社名	朝日化学工業株式会社
本社所在地	和歌山県和歌山市
代表者	岡本公爾
設立年	1958年5月(1949年創業)
事業内容	工業用加工でんぷんの製造販売
資本金	1200万円
売上高	18億円
従業員数	35人

＊データは2012年

タイ朝日の会社概要

会社名	THAI-ASAHI COMPANY LIMITED(タイ朝日)
本社所在地	タイ国ナコーンラーチャシーマー県
設立年	2006年(2008年から稼働)
事業内容	加工でんぷん(アルファ化でんぷん)の製造
売上高	8億円
従業員数	48人

＊データは2012年

きたためだ。その結果、魚粉が高値となり、その不足分を補うために多くのアルファ化でんぷんが必要となって、国内だけでは必要量の確保が難しくなった。

こうした事情を背景に、同社は海外に進出した。

一九八七年にシンガポールに現地法人を設立し、その後、燃料代や人件費が高騰したことからシンガポールから撤退して、二〇〇六年にタイに現地法人を設立した。

首都バンコクから車で四時間のキャッサバの特産地に工場を建設し、飼料に配合するアルファ化でんぷんを商品として、韓国や中国、台湾に販売している。

後継者がいない

朝日化学工業社長の岡本公爾《こうじ》氏は二代目で、父の哲爾氏が創業した同社を事業承継した。経営は堅調だったが、問題は後継者がいないことだった。

岡本氏には三人の子どもがいたが、いずれも娘で会社を継ぐ考えはなく、姻戚関係で能力のありそうな男性にも打診してみたが、家庭の事情を理由に辞退された。

「いずれもうまくいきませんでした。しかし、私の年齢を考えると、事業承継がさらにこれから一〇年先となると、手遅れになりかねません」

岡本氏は、二〇〇九年に亡くなった父親の苦労をよく覚えている。

「『事業に失敗したら、親子で屋台でもやろう』というのが父親の口癖でした。事業をしている以上リスクがあります。世の中の変化についていけなくなったら、会社がどうなるかわからない。自分の将来の健康状態もわかりません。そのような父の姿が思い出されて、私自身、親から引き継いだ会社であっても、その存続にとらわれすぎるのは意味のないことのように感じ始めたのです」

自分にもしものことがあれば、相続税を支払うために、遺産を受け継いだ子どもたちが資産を売却しなければならなくなり、会社清算という事態も想定される。会社で働く従業員のためにも、そうならない方策を考えなければならない。

そんなとき、岡本氏は地元和歌山の銀行で開かれた当社のセミナーに参加した。

「東京の飲食店チェーンが、九州の弁当店チェーンを買収して成功した事例を聞き、M&Aでウィン・ウィンになることもあると知りました。そのときの日本M&Aセンターさんの会長と社長の話に人間味が感じられたこともあり、M&Aを考えるようになりました」

二〇一〇年、岡本氏は当社に相談にみえた。

「M&Aが決まるまでに一年半近くかかりました。その間は自分との問答ですね。そうして、人間の幸せは物ではない。いかに生きるか、いかに死ぬかが重要だという考えに到達したのです。結局、死ぬときは何も持っていけないというのが結論でした」

その間、社会情勢の変化もあった。TPP（環太平洋戦略的経済連携協定）の締結問題だ。貿易が完全に自由化されたら、国内の加工でんぷん業界では規模の小さな企業は淘汰されてしまう。製粉業界では、すでに二〇〇社以上が大手数社に集約されている。そのような業界の情勢も、岡本氏の決断を後押しした。

技術交流から関係を深める

買い手企業は、鹿児島市に本社を置く日本澱粉工業株式会社だ。

一九三六年に創業し、さつまいもを原料とした甘藷《かんしょ》でんぷんの製造から始まり、いまではビール用のコーンスターチや清涼飲料水向けの異性化糖をはじめ、各種でんぷん製品を製造販売している老舗企業だ。酒造会社や清涼飲料水メーカーなどで構成される本坊《ほんぼう》グループの主力企業で、従業員三七〇人ほどを抱える。

同社の物流網は九州全域をカバーしている。全国には同業他社は多いが、九州の外から製品を運びこむにはタンクローリーによる物流コストがかさむ。同社は、他社からの委託も受注するなど、順調に利益をあげてきた。

朝日化学工業の岡本氏は、同じ業界の有力企業である日本澱粉工業の技術力について、以前から関心をもっていた。鹿児島の本社に足を運んで、製造の担当者と意見を交わした経験もある。そのため岡本氏は、日本澱粉工業の技術力が労せず生み出されたものではないことを熟知していた。

M&Aを最終的に決断した当時の社長で、現会長の本坊治國氏は次のように語る。

「一〇年以上前は工場でのトラブルも多く、ときに操業停止も起きていました。現場では『トラブルは当たり前』『そのとき直したらいいじゃないか』という感じでした。中途で入社した私は、それに対してずっと疑問をもっていました」

本坊氏は、大学で土木技術を学び、卒業後は大手のゼネコンと不動産会社でさまざまなプロジェクトの開発を担当した経歴をもつ。そのプロフェッショナルな眼には、かつての日本澱粉工業は、地方の名門企業という座に安住しており、社内にもその空気が蔓延しているように見えたという。

「専務時代、社員が急に『納品が間に合わない』と言い出すことがありました。前日までは『大丈夫です』と言っていたのに、当日朝になると『モノがない』と。理由を聞いても言わないので、調べてみると機械が故障して予定どおり生産できていなかった。そういうことがいろいろありまして、社内教育の充実に乗り出したのです」

本坊氏は、人脈を頼って愛知県の自動車部品関連メーカーに自社の生産課長を受け入れてもらい、三カ月間にわたって設備の改善に関する知識を吸収させた。さらに現場リーダーの社員には、別の研修機関で実践的なトレーニングを受けさせた。

やがて、研修に必要な機械を揃えて、設備保全に関する社内塾をスタートさせるところまでこぎつけた。これによって、予防保全（音や振動によって早めに異常を感知する能力）が社員に身につき、トラブルが起きる前に調整ができるようになった。いまでは工場が止まることなく二四時間動いている。

社内塾には、「白眉《はくび》実践塾」という名前がつけられ、いまは自社に限定せず、希望する他社の社員にも広く門戸を開いている。

そのことから、朝日化学工業の岡本氏も日本澱粉工業の現場責任者と交流があった。プライベートで日本澱粉工業の役員と一緒にゴルフを楽しむほど関係が深まり、それらのつき合いのなかで日本澱粉工業の技術力の片鱗に触れることができていた。

日本澱粉工業の会社概要

会社名	日本澱粉工業株式会社
本社所在地	鹿児島県鹿児島市
代表者	本坊治國
設立年	1938年5月（1936年創業）
事業内容	甘藷でんぷん・コーンスターチの製造加工販売／糖化製品の製造販売／加工でんぷんの製造販売／葛きり・はるさめ・漬物の製造加工販売
資本金	1億2500万円
売上高	206億円
従業員数	368人

＊データは2014年3月期

「検討期間を一年間いただきたい」

一方で、本坊氏にとっては、当社からM&Aの話をもちかけられたことは青天の霹靂だったという。

「まったく予想していなかった提案でした。何も準備できていなかったので、検討する時間が必要でした」

鹿児島と和歌山では、距離的にも遠く離れている。

「『どのように管理するのか？』という疑問から始まりました。鹿児島から人を出して、先方の経営を管理するのは難しい。そこで、まず『ざっくばらんに話をさせてください』ということで、和歌山に出向いて岡本さんにお会いしました。すると、『まだ仕事もしたい』というご自身の考えをうかがえたので、こちらから人材を出さずに何とかなるのかなと考えたのです」

本坊氏は岡本氏に「検討期間を一年間いただきたい」と申し出て、了解を得た。「待てない」と言われたら、話は流れていたかもしれないと言う。

社内では懸念があった。アルファ化でんぷんが、朝日化学工業の主力製品になっていることだった。

背景にあったのは、ウナギの稚魚であるシラスウナギの世界的減少である。ウナギの生産量が減ると、朝日化学工業には大きな打撃になる。買収後、いきなり売上げや利益が大幅なマイナスになることも懸念された。

国内でトップシェアを占めていることが、逆に心配事になっていたのである。

それでも日本澱粉工業は、朝日化学工業のM＆Aに動いた。

同社は社名に「でんぷん」をうたっているが、当時の年間一八八億円の売上げのうち、加工でんぷん関係は八億円ほどだった。会社の規模は圧倒的に大きいが、加工でんぷん製品だけを見れば朝日化学工業の二分の一だ。

全国加工澱粉工業協同組合という、加工でんぷんメーカー十数社でつくっている団体がある。この組合は業界団体として活動し、外国から輸入する原料について、一定の輸入枠を農林水産省から認められている。朝日化学工業はその組合員だが、日本澱粉工業は加工でんぷんの分野では後発のため、組合への新規加入は難しかった。

しかし、朝日化学工業が傘下に入れば、組合に認められている輸入枠を確保することができる。

「食品用の加工でんぷんには、いもの一種のキャッサバからつくられるタピオカでんぷんや、サゴヤシから取れるサゴでんぷん、粘り気の多い種類のワキシーコーンスターチなど、海外のでんぷんを使わなければつくれないものがけっこう多いのです。このためどうしても、輸入枠が必要になる。朝日化学工業さんにパートナーになってもらえれば、その権利が手に入り、われわれの食品事業を拡大していく可能性が広がります」（本坊氏）

日本澱粉工業の製品は食品向けが中心で、一方、朝日化学工業は養殖ウナギ飼料や工業用などが中心で、販路は競合しない。

それもお互いにとって、プラスに働くだろうと見込まれた。

「売り手のメリット・買い手のメリットを最大化する」

M&Aプロジェクトチームの立上げ

M&Aについての検討を進めるにあたり、日本澱粉工業では工場のリーダーや経営企画、経理、加工でんぷんの開発、営業の担当者など、三〇代から四〇代の若手のキーマン約一〇人を集めてプロジェクトチームを立ち上げた。経営学専門の九州大学の教授を招いて、企業の分析と評価についてレクチャーを受けたりもした。

「失敗事例を調べると、将来会社を担っていく人材が本気で『やりたい』と思うような組織づくりをしていかなければ、買収した事業は長続きしないことがわかりました。今回のM&Aの話も押しつけではなく、『あくまでも自分たちで検討して、やりたいと思うかどうかだ』という話をしました」(本坊氏)

プロジェクトチームの結論が出るまでに、一年三カ月という月日が経過した。最終的には、全員一致で合意に至ったのだが、そのコンセンサスを得るには、相応の期間が必要だった。

二〇一二年一月、再び和歌山市で両社の社長によるトップ面談が行われた。そのとき、朝日化学工業の岡本氏が求めた条件は、従業員の雇用の確保だった。その確約を得た岡本氏は次のように答えた。

「御社は従業員を大切にしている会社と承知しています。御社にお願いします」

岡本氏は、M＆Aによる将来的な発展に期待した。会社の規模が一〇倍以上あるだけに、日本澱粉工業には人事制度をはじめ社内研修などのシステムが整っている。

「組織として必要なことをすべてアドバイスしてもらえました。コンプライアンスや社内規定の問題などに対する備えもしてくれる。ありがたい話です」（岡本氏）

「いずれは海外」を現実にする

朝日化学工業の弱点は施設の老朽化、そして営業力不足だった。

これに対して日本澱粉工業は資金力があり、全国に営業網をもっている。朝日化学工業の弱点を補える力があった。

一方、日本澱粉工業にとって魅力的だったのは、朝日化学工業がタイに子会社を設立し、現地工場をもっていることだった。同業他社が海外展開を進めるなかで、日本澱粉工業を率いる本坊氏としても、「いずれは海外」という思いがあった。

「日本は人口が減っていきますから、われわれも外に出て行かなければという思いは長年ありました。ただ、実際にはそう簡単ではありません。そういうなかでM&Aの話がもちかけられました。朝日化学工業さんが海外進出していることが将来的に役立つだろうというのも、決断の大きな理由のひとつです」

朝日化学工業が海外に進出したのは、加工でんぷん事業の原料を安定的に調達するためだった。

進出の経緯を少し詳しく説明しよう。

同社の和歌山工場で使っている原料の多くは北海道産の馬鈴薯でんぷんである。農産物を扱う産業の問題点のひとつは、自然の影響を大きく受けることだ。天候や病害虫による被害などで、希望どおりに原料が供給されないリスクはつねにある。

しかし、原料を輸入するとなると関税がかかり、国内産より大幅に価格が高くなってしまう。国内農業保護のために、関税が高く設定されているからだ。

一九八八年、朝日化学工業は海外への進出を決めた。

はじめは、取引先の多いシンガポールの工業団地に一〇〇%出資で工場を置くところからスタートした。

当初は順調に稼働していたが、しばらくして問題が発生した。ボイラーに使う燃料費が高騰したのだ。その石油代は、当初は日本円で毎月二〇〇万円程度だったが、やがて三倍の六〇〇万円となり、ついには四倍の八〇〇万円へと急騰した。

その結果、年間で五〇〇〇万円から六〇〇〇万円の赤字が三年続き、累積赤字が一億五〇〇〇万円まで増えてしまった。シンガポールではきびしい環境政策をとっていることから、代替燃料に切り替えることもできなかった。

そこでタイに転進した。なぜタイだったのか。

シンガポール工場では原料の一部を、タイの大手企業GSL（ジェネラル・スターチ・リミテッド）から仕入れていた。GSLは加工でんぷんも手がけていたが、朝日化学工業の主力製品であるアルファ化でんぷんはつくっていなかった。そのため、GSLの役員が、「一緒にタイでやりませんか」と話をもちかけてきたのだった。岡本氏にとっては渡りに船だった。

こうして、二〇〇六年に朝日化学工業のタイ法人である「タイ朝日」を設立し、シンガポール工場の設備をすべて移転させて、二年後にナコーンラーチャシーマー県のコーラートでタイ工場の稼動を開始した。

工場では約五〇人の従業員が三交代で勤務している。給与水準はこの地の同業者と比べて一割以上高く設定しているが、それでも首都バンコクの水準に比べれば割安で、シンガポールと違い、代替燃料を使うこともできる。

現地の制度や法律を知る

タイ朝日の株式は、筆頭株主として朝日化学工業が過半数の五五％を占めているが、ＧＳＬ役員の三人も個人投資家として、合わせて四五％を保有している。これは、タイで事業を展開するにあたっては重要なことだった。

その理由を紹介する前に、海外におけるＭ＆Ａの留意点を紹介しておきたい。

Ｍ＆Ａを仲介する当社でも、海外の事案には特別に神経を使う。税務や法務面の問題が一定の範囲に収まっていることを確認してからでなければ、会社の価値が算定できず、買い手側には紹介ができない。労働紛争の有無なども重要なポイントだ。

そのために、買い手側が行うデューデリジェンスの前段として「プレデューデリジェンス」を行う。当社は海外にもネットワークをもち、アジアでは香港、上海、北京、シンガポールにそれぞれ現地会計事務所の提携先がある。

朝日化学工業の案件でも、当社の担当者を交えながら詳細な調査と確認を行い、リスクをすべて洗い出したうえで、買い手側に渡すための概要書をつくり上げた。

少し具体的に説明しよう。日本で製造業というと、製品をつくっているメーカーを指すが、タイでは事情が違う。自社で設計から加工、製造まですべてを担っている会社を「製造業」と呼ぶ。

たとえば外部の会社から図面を取り寄せて、それに従って製品をつくる会社がある。この会社は製造業ではなく「請負業」とされる。さらに「請負業」も誰にでもできるわけではなく、請負のためのライセンスが必要になる。

このような制度になっているのは、タイ国側から見れば、人件費が安いという理由だけで外国の企業や投資家が工場進出をするのは、国益にならないとの判断からだ。このため、請負業のライセンス取得は厳しくなっている。

そのため、こうしたライセンスをきちんと取得しているかどうかなどに始まり、税務や法務面での調査と確認が必要となる。

朝日化学工業の場合は、請負業ではなく製造業として認定されていた。もちろんタイの法務に従って、正式な手続きをすませたうえでのことだ。これには、タイの有力企業の役員が大株主として入っていたことも有利に働いたと思われる。国内の有力な同業者が反対すれば、政府としても認可しにくい。逆に、有力な同業者がかかわる企業であれば、政府としても歓迎となる。

さらに、タイ特有の会社法にも注意しなければならなかった。

日本では出席株主の過半数で普通決議が通り、とくに重要な意思決定である特別決議は六七％以上あれば通る。ところがタイの場合、一％でも株式をもっていれば株主総会で強力に反対ができる。いわば黄金株のような制度が認められているため、株主対策がきわめて重要となるが、その面でも岡本氏は地元の株主と良好な友人関係を築いていて、M&Aに際しての支障とはならなかった。

こうしたプレデューデリジェンスでリスクを確認したうえで、日本澱粉工業は朝日化学工業とのM&Aの交渉に入った。

社員の意識がグローバルになる

タイ朝日に関するプロセスで当社の担当者が実感したのは、文化と言語と社会システムの違いだった。

現地のタイ朝日の弁護士や会計士は全員がタイ人だ。

日本側との交渉は英語で行うが、タイ人同士が相談する場合はタイ語で行う。当方にもタイ人スタッフはいるが、逐次通訳はなく、その場では理解できないことも多い。そんな環境で行うデューデリジェンスは、日本で行う場合と比べて想像もつかないほど大変だ。

この点でも、岡本氏が現地で良好な友人関係を築き上げてきたことが決め手となって、大きな支障もなく二〇一二年の暮れにM＆Aを完了することができた。

朝日化学工業の岡本氏は、買収後も五年間は社長として会社に残ることになった。というのも、タイで築いた人間関係は、別の人間が一朝一夕で獲得できるものではないからだ。現地株主のM＆Aに対する意見は、「引継ぎの関係もあり、最低でも五年程度は岡本さんに残ってほしい」というものだった。日本澱粉工業は岡本氏を本社の取締役にも迎え、引き続き陣頭指揮を託した。

私の経験のなかでも、譲渡企業の経営者が引継ぎのために残る例は多いが、五年という契約はかなり長期間のほうだ。

もうひとつ、このM&A事例においてとくに興味深かったことは、日本澱粉工業の社内の変化だった。

日本澱粉工業は、鹿児島でも有数の優良企業であり、地元の優秀な学生の就職希望先だ。それでいて、これまで英語力は必要とされていなかった。取引先の大半は九州の企業で、英語とは縁がなかった。

それが今回のM&Aで、タイの現地会社とメールや電話で英語でのやりとりをする必要が生まれた。

取引先のGSLからは、製造責任者である副社長以下数人が、白眉実践塾をはじめとする同社の取組みの視察にも訪れている。

一部の社員が実際にタイと行き来するなかで、海外がより身近に感じられるようになり、全社的とまではいかないものの、社員の意識改革にもつながった。「いつかは海外」という夢をもつ若い社員も増え、社内での英語熱も高まった。新卒の採用でも、英語のできる学生がとくに選ばれたという。

海外企業がグループに入ることによって、地方の名門企業が活性化されたのだ。

海外子会社を含めた株式譲渡

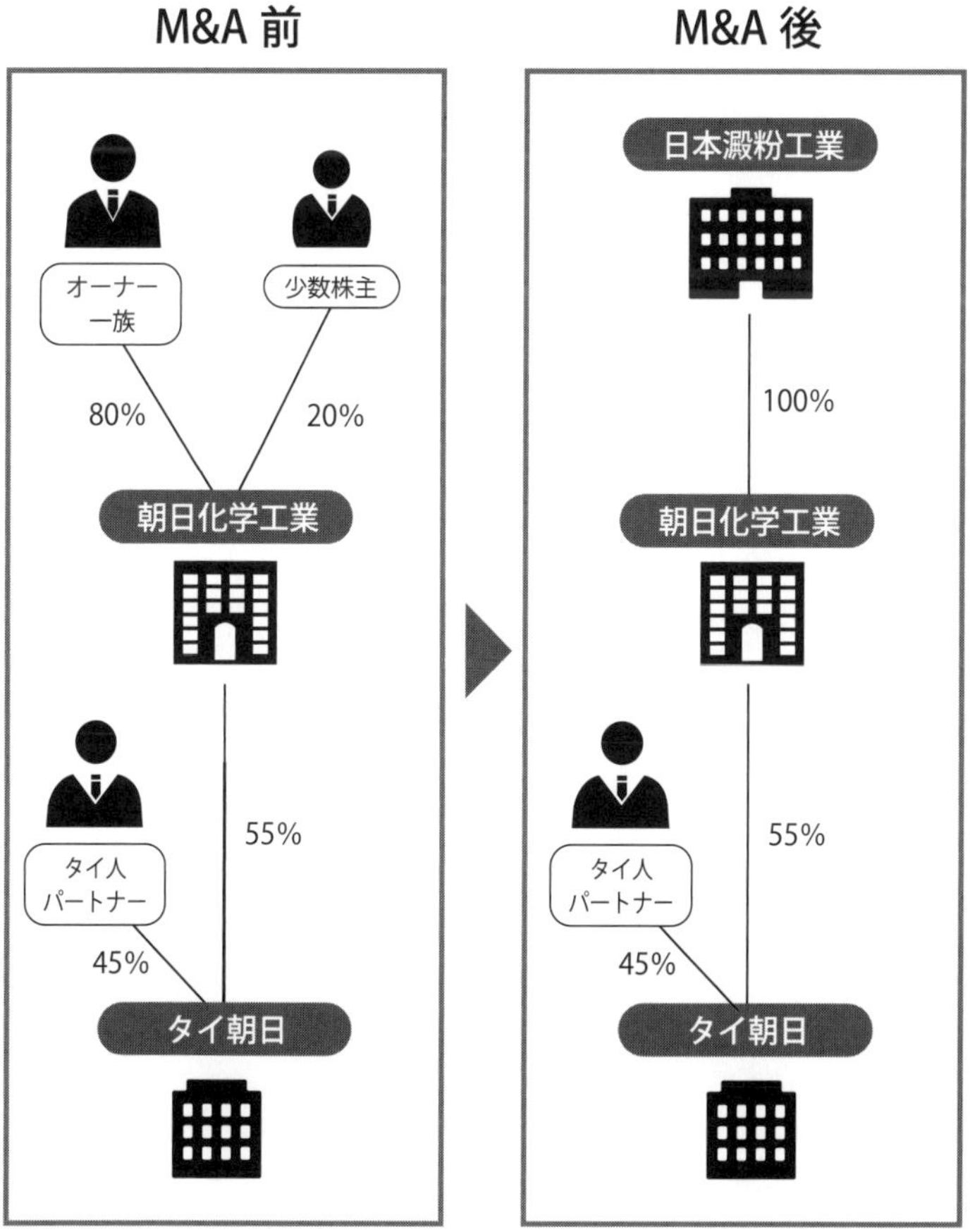

＊数字は株式所有率

タイに第三工場が完成

Ｍ＆Ａによってタイ朝日にも新展開がみられた。

それまでタイ朝日では、二つの工場を操業していた。第一工場ではウナギの飼料の配合に使うアルファ化でんぷん、第二工場では工業用のでんぷんを製造している。

この二つの工場に加え、第三工場の立上げが実現した。日本澱粉工業では食品部門をさらに強化する方針を打ち出しており、岡本氏に対してもタイ朝日で食品を生産できないかどうかを打診したことによるものだ。

第三工場では、人の口に入る食品としてのアルファ化でんぷんを生産するため、それまでの工場にはなかったエアシャワーなど、衛生と安全上の対策が必要になる。

この点では、日本澱粉工業のアドバイスが活きた。

日本澱粉工業では、社内のＩＳＯ推進室が中心となり、ＦＳＳＣ２２０００を取得している。これは食品の安全管理に関する国際規格で、求められる水準がきわめて高い。「清浄区域」や「重点的な管理区域」の設定など、きめ細かな安全と衛生に関する対策が定められている。世界の食品メーカーや小売業者に対して、安全に関するマネジメントシステムが整っていることをアピールできる規格だ。

日本澱粉工業はこうした安全対策に関する最新の知識と経験を踏まえ、第三工場のレイアウトや運営について的確なアドバイスを行った。

この第三工場の製品にどういう販路が確保できるのか、現在は未知数だが、岡本氏は将来を期待している。

「新しい工場のプランはずっともっていたのですが、マーケットが限られていて、日本市場だけを対象としていては工場が稼働しないような商品なのです。しかしニーズはある。東南アジア全域の人口を考えれば将来性はあります」

小麦や大麦に含まれるグルテンは、パンやケーキのもちもち感を生み出すもとになるが、人によっては食物アレルギーの原因になることが知られている。

一方、アルファ化でんぷんに対するアレルギーは比較的少ないといわれる。そのためアレルギー対策として、グルテンの代用品にアルファ化でんぷんを使うというマーケットが存在する。

タイ朝日では同業者に広く情報を流し、こうした製品の委託生産を多く受けることで、工場の稼働率を上げていくことを計画している。親会社である日本澱粉工業も、加工でんぷんマーケットはアジア諸国との競合が厳しいことを理解したうえで、将来的に第三工場を活かす道を模索中だ。

こういった親会社からのノウハウ提供が、子会社の仕事の幅を広げていくことを可能にする。戦略と情報の共有がなければ実現できないことだ。

同族企業同士だから生まれるシナジー

オーナー経営者ならではの悩み

一九三六年に、鹿児島でサツマイモを利用してでんぷんの製造を始めた日本澱粉工業は、さらに六〇年以上さかのぼる一八七二（明治五）年に創業された本坊酒造から枝分かれした会社だ。

本坊酒造は芋焼酎を中心に、ウイスキーやワインも製造する総合酒類メーカーで、鹿児島を中心に南九州で高い知名度を誇る。

「さつま白波」で知られる薩摩酒造、日本澱粉工業など、本坊一族が運営する関連各社は「本坊グループ」をつくり、強い結束力を示している。本坊グループの礎を築いた創業兄弟は七人おり、その子どもたちがグループを発展させてきた。

グループ企業による定例ミーティングは三カ月に一度開かれ、各社の幹部が集まって事業運営について意見交換が行われている。

日本澱粉工業も創業以来、本坊一族が経営している会社であり、朝日化学工業のM＆Aを最終的に承認した現会長の本坊治國氏は、同族による事業承継の利点と難しさについて熟知していた。オーナー経営者である岡本氏の悩みをいちばんよく理解していたのは、ほかならぬ本坊氏だろう。

日本澱粉工業では、社長の任期について一〇年までという内規を設けている。というのは、グループ企業では社長の任期が長期にわたり、なかには八〇歳近くまで社長を続けた例もあったからだ。そこにはいい面もあるが、ときには時代の趨勢として若返りが求められる。

「世界でも珍しいファミリー企業なんです。『（一族が）こんなにいっぱいいて、よくうまくやっていけますね』ってみなさんから言われます」

本坊氏は苦笑しながらそう話してくれた。

今回のM&Aは、朝日化学工業の岡本氏が親族による事業承継を断念することで実現した。一方、日本澱粉工業のM&Aプロジェクトチームには、チームリーダー以下、本坊姓をもつ二人が重要なポジションで参加した。

「私もゼネコン時代に重い責任をもたせていただいたから、いまがある。不動産会社時代にはよい上司に恵まれ、意思決定の仕方を教わりました」

こうした体験をもつ本坊氏は、後継者になる人材には、それにふさわしい経験が必要だと考え、挑戦させてきた。今回のM&Aにおいても、将来の社長候補に貴重な経験を積ませるという側面があった。

「同族経営」というカルチャーをもつ両社のM&Aは、その面でもそれぞれにメリットがあったといえるだろう。

信頼関係がPMIの基本

目に見える形でのシナジーも生まれた。日本澱粉工業と朝日化学工業とで油脂加工でんぷんの共同開発に乗り出し、新製品を販売できるところまでこぎつけたことだ。経緯を説明しよう。

朝日化学工業は、経営においては取引先との信頼関係をいちばん大切にしてきた。同社の主力製品のひとつに、揚げ物粉に使われる「油脂加工でんぷん」という商品がある。工場の生産能力には余力があったが、納入先の会社の要望に応えて、これまではかの会社には納品しないできた。

しかし日本澱粉工業の傘下に入り、新製品の開発を求められたこともあり、油脂加工でんぷんの新製品を開発したいという思いから、岡本氏は納入先の会社へ、他社への納入を認めてほしいと交渉に出かけた。

「当社がこれまで約束を守ってきたこともあり、それが感心だというので、すんなりと認めてくれました」

相手との信頼関係を大切にする岡本氏の姿勢が、ビジネスにおいてもプラスに作用したといえる。

一方で日本澱粉工業には、以前から油脂加工でんぷんの販売に乗り出したいという思いがあり、製造能力をもつ同業の数社にＯＥＭ生産（他社に製造を依頼して、販売は日本澱粉工業が行う）という形の製造委託をもちかけたことがあった。しかしライバルが増えることにつながるとして、どこからも断られて困っていた。それが、朝日化学工業との共同開発という形で実現した。

日本澱粉工業の本坊氏は、朝日化学工業の買収によるシナジーをこう評価する。

「朝日化学工業の挑戦はわれわれの勉強にもつながります。新しいことを学ぶことは非常に大事で、問題があるからダメという考えはまったくありません。大切なのは問題を解決していくことです。一緒に変えていければいいと思っています。同時に、いまの朝日化学工業は内容的には限界もあるし危険性もあります。ウナギのエサだけではなく、違う世界も広げていくという意識づけをしていかないといけません」

岡本氏のほうはどうだろうか。岡本氏は、朝日化学工業を引き続き率いていくことについて、次のように話す。

「私の同期はみんな引退してのんびりしようというときです。しかし私はまだこれから、一〇年、二〇年やっていくことができる。そういうふうにプラス思考で考えられるようになったのも、今回のM&Aのメリットでした。私は会社のリスクを回避するためにM&Aをやったのであって、仕事を辞めたくてやったわけではないですから」

さらに、岡本氏はうれしかったことのひとつとして、日本澱粉工業の取締役として招かれたことをあげる。

それについて、日本澱粉工業会長の本坊氏はこう説明する。

「(岡本社長は) いままでワンマン経営でやってこられています。これに対してうちは組織化されていて、設備ひとつ導入するにも一〇〇〇万円以上の場合は役員会決裁が必要です。そういった運営についても、実際の会議を通して理解してもらうのがよいのではないかと考え、役員になっていただきました」

本坊氏は日本澱粉工業の経営を、岡本氏に肌で感じ取ってもらおうと考えたのだった。こうして岡本氏は毎月、鹿児島に出かけて会議に参加することになった。

「会議の席で議論を聞くだけでも意義を感じます。そのうち相談を受けて、アドバイスができることもあるかもしれない。仕事の話だけではなく、一緒に食事をしたりすることから人間関係も深まっていきます」

岡本氏は会社を譲渡したあと、社長継続に関する契約については「適当でいいです」と言ったという。

「阿吽《あうん》の呼吸のほうがいい。感謝することはいっぱいあります。私の退職金まで決めてくれました。私が言いにくいことも、きちんと契約書にうたってくれた」

両社の信頼関係が確立されていたことの証だろう。

二〇年で売上げ倍増へ

最後に、現在の両社の動きを見てみたい。

日本澱粉工業は本坊グループの一員だが、日本澱粉工業単体としてもグループを形成している。グループには、レンタルビデオショップやスポーツクラブなどの運営会社もある。それら従来からの子会社に加え、今回新たにタイ朝日を含む朝日化学工業が加入した。

日本澱粉工業会長の本坊氏はグループの最高経営責任者として、日本澱粉工業グループの中長期経営計画をとりまとめ、その概要を二〇一五年の社内の新年会で発表した。

それによれば、現在のグループ売上げが約二五〇億円のところ、四～五年後の実現を目指す中期計画ではプラス一〇〇億円の三五〇億円、そして二〇年後に実現を目指す長期計画では、現在から倍増の五〇〇億円を目指す。

その計画実現のためには、現在の事業を拡大していくだけでは追いつかない。そこでＰＭＩの手法が活きてくる。

「M&Aを経験したことは、私自身の意識改革にもなりました。そのひとつが長期目標の設定です。これまでなら、五〇〇億円などといった大きな目標の設定はまずしませんでした」

朝日化学工業に対するM&Aが成功したことで、新規分野へのチャレンジ精神も湧きあがってきたという。

「いまから種まきしながら事業拡大を目指します。まったく違う事業でもいいと考えています」

二〇年で売上げを倍増させるのは大仕事だが、新年会でこれを聞いた社員たちは、大いに盛り上がった。

売上げが五〇〇億円になると、鹿児島の企業として一〇傑に入ることになる。白眉実践塾で社員の意識改革に乗り出し、変化することの面白さを知った社員たちは、会長が提示した挑戦を好ましいものとして受け止めている。

本坊グループのなかでも、日本澱粉工業グループの中長期計画は突出したレベルにある。

「われわれが率先して数字と実績を見せることによって、『日本澱粉工業はすごい』

と思わせ、グループに刺激を与えることが大事だと思っています」

約八〇年の歴史をもつ名門の優良企業をさらに活性化する魅力が、M&Aにはあるということだろう。

社長退任後の夢を描く

朝日化学工業の岡本氏は、現在の社長職を退いたあとの計画を立てている。

一九九二年から父親の創業した会社の社長をほぼ四半世紀務めてきたが、数年後に現在の社長職を退いたあとの目標は、自分で会社を起こすことだ。

「シンガポール進出をやり、タイでは合弁事業もやり、M&Aもやった。次は、終身雇用の会社をつくろうと思っています」

岡本氏が構想しているのは人材派遣業だ。朝日化学工業を定年退職になった社員のうち、仕事のスキルがあり、まだまだ働きたいという意欲をもつ者を引き受けて、朝日化学工業に出向させる。「終身雇用」というのは、働ける間は岡本氏の会社が雇用するという意味である。

実際に、すでにある個人資産の管理会社の定款を変更し、人材派遣や不動産売買、それに倉庫業もできるようにした。

「身軽になったことで新しい夢が生まれました。ボランティアや地域貢献なども、もっているお金を使い切るつもりでやれば地域を明るくできる。そうしてやっていけば八〇歳まで仕事ができると思っているのです」

こうして、岡本氏は社長業を退いたあとについて、これまでのキャリアや資産を有効に使った目標を描いている。最近では、「幸せに生きる」ということは何なのか、常に考え、感じながら、日々を過ごすという。

「ご縁や信頼関係、人間関係が商売の基本です。決して相手を裏切らないという当たり前のことを確実にやっていると、いろいろな人が周りから支えてくれるようになる気がします。私の場合は、自分には経営能力がないと思っていたから、周りが助けてくれて、ここまできました。偉そうにしていると誰からも助けてもらえませんから、自然に頭が低くなります」

M&A、そしてPMIも、基本にあるのは人と人との信頼関係だ。相手が国内であっても海外であっても、それは同じである。

ステークホルダーすべてが幸せになるために

今後、成長戦略としてのM&Aはますます活発になり、日本企業にとって欠かせない手法になる。M&Aで他社を買収して市場占有率を高めたり、規模の利益を求めたり、統合によるシナジーで生産性をあげるだけでなく、ホールディングカンパニー制などによって合従連衡し、勝ち組に仲間入りすることも必要だろう。

日本には閉塞感があるが、近くに位置するASEANは世界でも有数の経済成長地域なのだから、そこへ進出することも積極的に考えていかなければならない。

しかし、自力で、文化や言語、人種、習慣、宗教をはじめ、価値観が異なるASEANに進出することは至難であり、時間とコストが多大にかかる。ASEAN諸国の成長スピードには、とてもついていけない。そこでM&Aによって現地企業を買収して、足がかりをつくる戦略が必要になる。

実際、国境を越えたクロスボーダーでのM&Aの数はここへきて急激に増えた。当社で手がけたなかにも、この章で紹介したケースのほかに、上海、香港、バングラデシュに拠点をもつ企業を買収することで海外販路の拡大を実現させたケース、アメリカ、中国、韓国、ベトナムに加え、インドネシアにも海外拠点を獲得したケースといった成功例が出てきている。

ＰＭＩは、買い手企業と譲渡企業がビジネスパートナーとしてチームを組んで最高のパフォーマンスをあげていくためのものである。国境を越えたＭ＆Ａにおいても、ぜひ統合のためのマネジメントと、その重要性を認識して取り組んでほしい。そして、買い手企業、譲渡企業はいうまでもなく、地域社会、取引先や金融機関など、ステークホルダーすべてが幸せになるＰＭＩを実現していただきたい。

おわりに　トイレからの教訓

本書ではアメリカのファンド、リバーサイドがＰＭＩを行う際のノウハウを初公開し、ＰＭＩの具体例として、日本でリバーサイドおよび当社が手がけた事例を紹介しました。

最後に、私が初めてリバーサイドのニューヨーク本社を訪ねたときに驚いたことを書かせていただきましょう。

ひとつは、事務所の壁一面にぎっしりと、成功事例に関する資料などが額に入れて飾ってあったことです。その企業の商品の実物も展示され、何年間で企業価値が何倍になったかを具体的に示してありました。その素晴らしい成長性に私は度肝を抜かれ、その成功の秘密を知りたくなりました。それが本書を執筆するひとつのきっかけです。

二つ目は、帰り際にトイレを借りたときのことです。トイレのこれまた壁一面に、失敗事例が所狭しと掲示されていたのです。しかも、失敗事例が書かれた紙には、トイレットペーパーの模様が透かしのように薄く印刷されていました。

部屋に戻って、共同最高経営責任者のベラ・ジゲシー氏に聞いてみました。

「成功事例より、失敗事例から学ぶことのほうが多い。われわれは、失敗したことはトイレットペーパーのように水に流しますが、そこから得られた教訓は絶対に忘れずに、二度と繰り返さないようにしているのです」

リバーサイドではこれを「トイレからの教訓」と呼んで、失敗を忘れないようにしているのだということでした。彼は「だから地の模様はトイレットペーパーなんですよ」と微笑みました。

ジゲシー氏によれば、リバーサイドが過去二五年間で行った買収のうち、八〇％は好ましい成果をあげました。逆に言えば、残る二〇％はリバーサイドが損失を被るなど、何らかの問題があったということです。

その理由は大きく二つあげられると言います。ひとつは予測の読み違いです。買収してから二、三年目で売却すれば、小幅ながらも利益を得ることができたにもかかわらず、さらなる利益を求めて売らずにいたため、結果的に利益が得られないどころか、損失となってしまったケースです。

「とても痛い教訓でしたが、本当に見極めが困難だったのです」

とくに難しいのは、技術の進歩によって企業価値が大きく左右される場合です。具体的には、紙ベースのカタログや雑誌を事業の主体としていた会社でオンラインへの移行が遅れたケース、携帯電話のめざましい普及により、固定電話会社の需要が激減したケースもあったと言います。

「テクノロジーというのは面白いもので、なかなか進歩しないこともあります。でも、変わるときには急激に変化します。技術の変化は予測が容易でなく、将来的にさらに困難になるでしょう」

リバーサイドが失敗したもうひとつの代表的な理由は、経営陣の対応が不適切だったことです。

一例をあげれば、アメリカで株主と企業がやりとりするのを手助けする委任状勧誘会社のケースです。経験豊富でカリスマ性のあるCEOの提案に従い、同じ業界でさらに五社を追加買収したのですが、ちょうどこの時期に業界自体が縮小していたこともあって、リバーサイドの期待をすべて裏切る結果となってしまったのです。

「彼の戦略は素晴らしかったので、われわれも彼が言うとおり、もう少し待っていればよくなっていくと信じていました。この期間で、利益は三五〇〇万ドルから五万ドルに減りました」

リバーサイドが得た教訓は、カリスマ性と経営のスキルは等しくないということです。素晴らしいビジョンを描ける人を信用してしまうという罠だったのです。

ポーランドのビジネス向け通信接続業者を買収したケースも教訓を残しました。事業の転換時期に買収し、それにふさわしい経営チームをつくったところまではよかったのですが、このチームは会社を成長させる戦略を描くことができませんでした。つまり、攻めの時期には最良の経営チームであっても、平時には必ずしも最良といえなかった。その逆に、平時にはよいマネジャーだったが、転換期には適していなかったというケースもありました。

「どんな状況でもやっていけるマネジャーを見つけるのは簡単なことではありません。平時と転換期では、経営に対するメンタリティが異なるからです」

ビギナーズラックという言葉があります。まれに偶然に成功することもあるかもしれません。しかし失敗したケースには必ず必然性があります。それを私はリバーサイドの「トイレからの教訓」に教えられました。そして失敗した事例も堂々と公開する姿勢に共感をおぼえました。

M＆Aの検討にあたって、厳選した案件しか対象にしない企業もあります。

「時間がもったいない」

「着手金がもったいない」

「会計士などに支払うフィーがもったいない」

そのような理由です。しかし私は、結果的に無駄なように思えても、多くの事案を検討することが重要だと思います。それは、私自身が経験から得た「トイレからの教訓」です。


中堅企業に対する企業買収は、株式の買収費用だけでも数十億円にのぼることが珍しくありません。手数料が一億円以上かかることもあります。従業員だけでなく、借入れまでついてくるのです。そこには社会的な責任も伴います。新規に同規模の事業を起こすことを考えれば低いコストですむのがM＆Aのメリットですが、それでも莫大な費用がかかるのは間違いありません。

それに比較すれば、検討にかかるコストは非常に少ないのです。M＆Aアドバイザーや会計士に支払う費用も数百万円程度です。いざ本番の数十億円のコストをかけたM&Aで失敗しないよう、いくつものM&Aの検討を重ね、経験値を積んでいくことが成功への近道です。

本書の執筆に当たっては、スチュワート・コール氏、ベラ・ジゲシー氏、森時彦氏をはじめ、リバーサイドのみなさんから多くの経験と知識をご教授いただきました。また国内の企業では、メディカルシステムネットワーク社長の田尻稲雄氏、イエローハット社長の堀江康生氏、日本澱粉工業会長の本坊治國氏、朝日化学工業社長の岡本公爾氏にあらためて、PMIに関してお話をうかがわせていただきました。みなさまのご協力に深く感謝いたします。

三宅　卓

［執筆協力］

株式会社日本M&Aセンター
海外支援室　　　　　　安丸良広
海外支援室　　　　　　渡辺大晃
企業戦略部　　　　　　西川大介
金融法人部　　　　　　飯塚仁康

株式会社リバーサイド・パートナーズ
代表パートナー　　　　森　時彦
ヴァイスプレジデント　若下博章

三宅　卓（みやけ　すぐる）

株式会社日本M&Aセンター　代表取締役社長

1952年神戸市生まれ。日本オリベッティを経て、1991年に株式会社日本M&Aセンターの設立に参画。数百件のM&A成約に関わり、陣頭指揮を執った経験から、「中小企業M&Aのノウハウ」を確立し、品質向上と効率化を実現。同社において営業本部を牽引し、2006年のマザーズ上場、2007年の東証一部上場に貢献した。中堅・中小企業のM&A実務における草分け的存在であり、テレビ東京系「カンブリア宮殿」「WBS（ワールドビジネスサテライト）」をはじめとするメディアで活躍するほか、経験に基づくM&Aセミナーは毎回好評を博している。2008年より現職。主著に『会社の買い方教えます。』『会社・社員・お客様　みんなを幸せにするM&A』（ともに、あさ出版）、『会社が生まれ変わるために必要なこと～M&A「成功」と「幸せ」の条件』（経済界）など。「ポストM&A」に関する著書は本書が初となる。

M&Aを成功に導くPMI

事例に学ぶ経営統合のマネジメント

2015年6月15日　第1刷発行

2016年6月17日　第2刷発行

著　者　三宅　卓

発行者　長坂嘉昭

発行所　株式会社プレジデント社

〒102-8641

東京都千代田区平河町2-16-1　平河町森タワー13階

http://www.president.co.jp/

電話　編集03-3237-3733　販売03-3237-3731

編　集　大内祐子　ことぶき社

編集協力　中村尚樹

装　幀　竹内雄二

本文DTP　富永三紗子（SOL design）

印刷・製本　凸版印刷株式会社

ISBN978-4-8334-5071-3　Printed in Japan